L'intelligence de

Maurice Maeterlinck

Alpha Editions

This edition published in 2024

ISBN : 9789361471858

Design and Setting By
Alpha Editions
www.alphaedis.com
Email - info@alphaedis.com

I

Je veux simplement rappeler ici quelques faits connus de tous les botanistes. Je n'ai fait aucune découverte, et mon modeste apport se réduit à quelques observations élémentaires. Je n'ai pas, cela va sans dire, l'intention de passer en revue toutes les preuves d'intelligence que nous donnent les plantes. Ces preuves sont innombrables, continuelles, surtout parmi les fleurs, où se concentre l'effort de la vie végétale vers la lumière et vers l'esprit.

S'il se rencontre des plantes et des fleurs maladroites ou malchanceuses, il n'en est point qui soient entièrement dénuées de sagesse et d'ingéniosité. Toutes s'évertuent à l'accomplissement de leur œuvre; toutes ont la magnifique ambition d'envahir et de conquérir la surface du globe en y multipliant à l'infini la forme d'existence qu'elles représentent. Pour atteindre ce but, elles ont, à raison de la loi qui les enchaîne au sol, à vaincre des difficultés bien plus grandes que celles qui s'opposent à la multiplication des animaux. Aussi, la plupart ont-elles recours à des ruses, à des combinaisons, à une machinerie, à des pièges, qui, sous le rapport de la mécanique, de la balistique, de l'aviation, de l'observation des insectes, par exemple, précédèrent souvent les inventions et les connaissances de l'homme.

II

Il serait superflu de retracer le tableau des grands systèmes de la fécondation florale: le jeu des étamines et du pistil, la séduction des parfums, l'appel des couleurs harmonieuses et éclatantes, l'élaboration du nectar, absolument inutile à la fleur, et qu'elle ne fabrique que pour attirer et retenir le libérateur étranger, le messager d'amour, abeille, bourdon, mouche, papillon, phalène, qui doit lui apporter le baiser de l'amant lointain, invisible, immobile...

Ce monde végétal qui nous paraît si paisible, si résigné, où tout semble acceptation, silence, obéissance, recueillement, est au contraire celui où la révolte contre la destinée est la plus véhémente et la plus obstinée. L'organe essentiel, l'organe nourricier de la plante, sa racine, l'attache indissolublement au sol. S'il est difficile de découvrir, parmi les grandes lois qui nous accablent, celle qui pèse le plus lourdement à nos épaules, pour la plante, il n'y a pas de doute: c'est la loi qui la condamne à l'immobilité depuis sa naissance jusqu'à sa mort. Aussi sait-elle mieux que nous, qui dispersons nos efforts, contre quoi d'abord s'insurger. Et l'énergie de son idée fixe qui monte des ténèbres de ses racine pour s'organiser et s'épanouir dans la lumière de sa fleur, est un spectacle incomparable. Elle se tend tout entière dans un même dessein: échapper par le haut à la fatalité du bas; éluder, transgresser la lourde et sombre loi, se délivrer, briser l'étroite sphère, inventer ou invoquer des ailes, s'évader le plus loin possible, vaincre l'espace où le destin renferme, se rapprocher d'un autre règne, pénétrer dans un monde mouvant et animé... Qu'elle y parvienne, n'est-ce pas aussi surprenant que si nous réussissions à vivre hors du temps qu'un autre destin nous assigne, ou à nous introduire dans un univers libéré des lois les plus pesantes de la matière? Nous verrons que la fleur donne à l'homme un prodigieux exemple d'insoumission, de courage, de persévérance et d'ingéniosité. Si nous avions mis à soulever diverses nécessités qui nous écrasent, celles, par exemple, de la douleur, de la vieillesse et de la mort, la moitié de l'énergie qu'a déployée telle petite fleur de nos jardins, il est permis de croire que notre sort serait très différent de ce qu'il est.

III

Ce besoin de mouvement, cet appétit d'espace, chez la plupart des plantes, se manifeste à la fois dans la fleur et dans le fruit. Il s'explique aisément dans le fruit; ou, en tout cas, n'y décèle qu'une expérience, une prévoyance moins complexe. Au rebours de ce qui a lieu dans le règne animal, et à cause de la terrible loi d'immobilité absolue, le premier et le pire ennemi de la graine, c'est la souche paternelle. Nous sommes dans un monde bizarre, où les parents, incapables de se déplacer, savent qu'ils sont condamnés à affamer ou étouffer leurs rejetons. Toute semence qui tombe au pied de l'arbre ou de la plante est perdue ou germera dans la misère. De là l'immense effort pour secouer le joug et conquérir l'espace. De là les merveilleux systèmes de dissémination, de propulsion, d'aviation, que nous trouvons de toutes parts dans la forêt et dans la plaine; entre autres, pour ne citer en passant que quelques-uns des plus curieux: l'hélice aérienne ou samare de l'Érable, la bractée du Tilleul, la machine à planer du Chardon, du Pissenlit, du Salsifis; les ressorts détonnants de l'Euphorbe, l'extraordinaire poire à gicler de la Momordique, les crochets à laine des Ériophiles; et mille autres mécanismes inattendus et stupéfiants, car il n'est, pour ainsi dire, aucune semence qui n'ait inventé de toutes pièces quelque procédé bien à elle pour s'évader de l'ombre maternelle.

On ne saurait croire, en effet, si l'on n'a quelque peu pratiqué la Botanique, ce qu'il se dépense d'imagination et de génie dans toute cette verdure qui réjouit nos yeux. Regardez, par exemple, la jolie marmite à graines du Mouron rouge, les cinq valves de la Balsamine, les cinq capsules à détente du Géranium, etc. N'oubliez pas d'examiner, à l'occasion, la vulgaire tête de Pavot qu'on trouve chez tous les herboristes. Il y a, dans cette bonne grosse tête, une prudence, une prévoyance dignes des plus grands éloges. On sait qu'elle renferme des milliers de petites graines noires extrêmement menues. Il s'agit de disséminer cette semence le plus adroitement et le plus loin possible. Si la capsule qui la contient se fendait, tombait ou s'ouvrait par le bas, la précieuse poudre noire ne formerait qu'un tas inutile au pied de la tige. Mais elle ne peut sortir que par des ouvertures percées tout en haut de l'enveloppe. Celle-ci, une fois mûre, se penche sur son pédoncule, «encense» au moindre souffle et sème, littéralement, avec le geste même du semeur, les graines dans l'espace.

Parlerai-je des graines qui prévoient leur dissémination par les oiseaux et qui, pour les tenter, se blottissent, comme le Gui, le Genévrier, le Sorbier, etc., au fond d'une enveloppe sucrée? Il y a là un tel raisonnement, une telle entente des causes finales, qu'on n'ose guère insister de peur de renouveler les naïves erreurs de Bernardin de Saint-Pierre. Pourtant les faits ne s'expliquent pas autrement. L'enveloppe sucrée est aussi inutile à la graine que le nectar, qui attire les abeilles, l'est à la fleur. L'oiseau mange le fruit parce qu'il est sucré et avale en même temps la graine *qui est indigestible.* L'oiseau s'envole et rend peu à près, telle qu'il l'a reçue, la semence débarrassée de sa gaine et prête à germer loin des dangers du lieu natal.

IV

Mais revenons à des combinaisons plus simples. Cueillez au bord de la route, dans la première touffe venue, un brin d'herbe quelconque; et vous surprendrez à l'œuvre une petite intelligence indépendante, inlassable, imprévue. Voici deux pauvres plantes rampantes que vous avez mille fois rencontrées dans vos promenades, car on les trouve en tous lieux et jusque dans les coins les plus ingrats où s'est égarée une pincée d'humus. Ce sont deux variétés de Luzernes (*Medicago*) sauvages, deux mauvaises herbes au sens le plus modeste de ce mot. L'une porte une fleur rougeâtre, l'autre une houppette jaune de la grosseur d'un pois. A les voir se glisser et se dissimuler dans le gazon, parmi les orgueilleuses graminées, on ne se clouterait jamais qu'elles ont, bien avant l'illustre géomètre et physicien de Syracuse, découvert et tenté d'appliquer, non pas à l'élévation des liquides, mais à l'aviation, les étonnantes propriétés de la vis d'Archimède. Elles logent donc leurs graines en de légères spirales, à trois ou quatre révolutions, admirablement construites, comptant bien ainsi ralentir leur chute et, par conséquent, avec l'aide du vent, prolonger leur voyage aérien. L'une d'elles, la jaune, a même perfectionné l'appareil de la rouge en garnissant les bords de la spirale d'un double rang de pointes, dans l'intention évidente de l'accrocher au passage, soit aux vêtements des promeneurs, soit à la laine des animaux. Il est clair qu'elle espère joindre les avantages de l'ériophilie, c'est-à-dire de la dissémination des graines par les moutons, les chèvres, les lapins, etc., à ceux de l'anémophilie ou dissémination par le vent.

Le plus touchant, dans tout ce grand effort, c'est qu'il est inutile. Les pauvres Luzernes rouges et jaunes se sont trompées. Leurs remarquables vis ne leur servent de rien. Elles ne pourraient fonctionner que si elles tombaient d'une certaine hauteur, du faîte d'un grand arbre ou d'une altière graminée; mais, construites au ras de l'herbe, à peine ont-elles fait un quart de tour, qu'elles touchent déjà terre. Nous avons là un curieux exemple des erreurs, des tâtonnements, des expériences et des petits mécomptes, assez fréquents, de la nature: car il faut ne l'avoir guère étudiée pour affirmer que la nature ne se trompe jamais.

Remarquons, en passant, que d'autres variétés de Luzernes, sans parler du Trèfle, autre légumineuse papilionacée qui se confond presque avec celle dont nous nous occupons ici, n'ont pas adopté ces appareils d'aviation, et s'en tiennent à la méthode primitive de la gousse. Chez l'une d'elles, la *Medicago aurantiaca*, on saisit très nettement la transition de la gousse contournée à l'hélice. Une autre variété, la *Medicago scutellata*, arrondit cette hélice en forme de boule, etc. Il semble donc que nous assistions au passionnant spectacle d'une espèce en travail d'invention, aux essais d'une famille qui n'a pas encore fixé sa destinée et cherche la meilleure façon d'assurer l'avenir. N'est-ce peut-être pas au cours de cette recherche, qu'ayant été déçue par la spirale, la Luzerne jaune y ajouta les pointes ou crochets à laine, se disant, non sans raison, que puisque son feuillage attire les brebis, il est inévitable et juste que celles-ci assument le souci de sa descendance? Et n'est-ce pas, enfin, grâce à ce nouvel effort et à cette bonne idée que la Luzerne à fleurs jaunes est infiniment plus répandue que sa plus robuste cousine qui porte des fleurs rouges?

V

Ce n'est pas seulement dans la graine ou la fleur, mais dans la plante entière, tiges, feuilles, racines, que l'on découvre, si l'on veut bien s'incliner un instant sur leur humble travail, maintes traces d'une intelligence avisée et vivante. Rappelez-vous les magnifiques efforts vers la lumière des branches contrariées, ou l'ingénieuse et courageuse lutte des arbres en danger. Pour moi, je n'oublierai jamais l'admirable exemple d'héroïsme que me donnait l'autre jour, en Provence, dans les sauvages et délicieuses gorges du Loup, tout embaumées de violettes, un énorme Laurier centenaire. On lisait aisément sur son tronc tourmenté et pour ainsi dire convulsif, tout le drame de sa vie tenace et difficile. Un oiseau ou le vent, maîtres des destinées, avait porté la graine au flanc du roc tombant à pic comme un rideau de fer; et l'arbre était né là, à deux cents mètres au-dessus du torrent, inaccessible et solitaire, parmi les pierres ardentes et stériles. Dès les premières heures, il avait envoyé les aveugles racines à la longue et pénible recherche de l'eau précaire et de l'humus. Mais ce n'était que le souci héréditaire d'une espèce qui connaît l'aridité du Midi. La jeune tige avait à résoudre un problème bien plus grave et plus inattendu: elle partait d'un plan vertical, en sorte que son front, au lieu de monter vers le ciel, penchait sur le gouffre. Il avait donc fallu, malgré le poids croissant des branches, redresser le premier élan, couder, opiniâtrement, au ras du roc, le tronc déconcerté, et maintenir ainsi,—comme un nageur qui renverse la tête,—par une volonté, une tension, une contraction incessantes, toute droite dans l'azur, la lourde couronne de feuilles.

Dès lors, autour de ce nœud vital, s'étaient concentrés toutes les préoccupations, toute l'énergie, tout le génie conscient et libre de la plante. Le coude monstrueux, hypertrophié, révélait une à une les inquiétudes successives d'une sorte de pensée qui savait profiter des avertissements que lui donnaient les pluies et les tempêtes. D'année en année, s'alourdissait le dôme de feuillage, sans autre souci que de s'épanouir dans la lumière et la chaleur, tandis qu'un chancre obscur rongeait profondément le bras tragique qui le soutenait dans l'espace. Alors, obéissant à je ne sais quel ordre de l'instinct, deux solides racines, deux câbles chevelus, sortis du tronc à plus de deux pieds au-dessus du coude, étaient venus amarrer celui-ci à la paroi de granit. Avaient-ils vraiment été évoqués par la détresse, ou bien, attendaient-ils, peut-être prévoyants, depuis les premiers jours, l'heure aiguë du péril pour redoubler leur aide? N'était-ce qu'un hasard heureux? Quel œil humain assistera jamais à ces drames muets et trop longs pour notre petite vie[A]?

VI

Parmi les végétaux qui donnent les preuves les plus frappantes d'initiative, les plantes qu'on pourrait appeler animées ou sensibles auraient droit à une étude détaillée. Je me contenterai de rappeler les effarouchements délicieux de la Sensitive, la Mimosa pudique que nous connaissons tous. D'autres herbes à mouvements spontanés sont plus ignorées; les Hédysarées, notamment, entre lesquelles l'*Hédysarium gyrans* ou Sainfoin oscillant, s'agite d'une façon bien surprenante. Cette petite légumineuse, originaire du Bengale, mais souvent cultivée dans nos serres, exécute une sorte de danse perpétuelle et compliquée en l'honneur de la lumière. Ses feuilles se divisent en trois folioles, l'une large et terminale, les deux autres étroites et plantées à la naissance de la première. Chacune de ces folioles est animée d'un mouvement propre et différent. Elles vivent dans une agitation rythmique, presque chronométrique et incessante. Elles sont tellement sensibles à la clarté que leur danse s'alentit ou s'accélère selon que les nuages voilent ou découvrent le coin de ciel qu'elles contemplent. Ce sont, comme on voit, de véritables photomètres; et bien avant l'invention de Crook, des othéoscopes naturels.

VII

Mais ces plantes, auxquelles il faudrait ajouter les Rossolis, les Dionées et bien d'autres, sont déjà des êtres nerveux dépassant un peu la crête mystérieuse et probablement imaginaire qui sépare le règne végétal de l'animal. Il n'est pas nécessaire de monter jusque-là, et l'on trouve autant d'intelligence et presque autant de spontanéité visible, à l'autre extrémité du monde qui nous occupe, dans les bas-fonds où la plante se distingue à peine du limon ou de la pierre: j'entends parler de la fabuleuse tribu des Cryptogames, qu'on ne peut étudier qu'au microscope. C'est pourquoi nous la passerons sous silence, bien que le jeu des spores du Champignon, de la Fougère et surtout de la Prêle ou Queue-de-rat, soit d'une délicatesse, d'une ingéniosité incomparable. Mais parmi les plantes aquatiques, habitantes des vases et des boues originelles, s'opèrent de moins secrètes merveilles. Comme la fécondation de leurs fleurs ne peut se faire sous l'eau, chacune d'elles a imaginé un système différent pour que le pollen puisse se disséminer à sec. Ainsi les Zostères, c'est-à-dire le vulgaire Varech dont on fait des matelas, renferment soigneusement leur fleur dans une véritable cloche à plongeur; les Nénuphars envoient la leur s'épanouir à la surface de l'étang, l'y maintiennent et l'y nourrissent sur un interminable pédoncule qui s'allonge dès que s'élève le niveau de l'eau. Le faux Nénuphar (*Villarsia nymphoides*), n'ayant pas de pédoncule allongeable, lâche tout simplement les siennes qui montent et crèvent comme des bulles. La Macre ou Châtaigne d'eau (*Trapa natans*) les munit d'une sorte de vessie gonflée d'air; elles montent, s'ouvrent, puis, la fécondation accomplie, l'air de la vessie est remplacé par un liquide mucilagineux plus lourd que l'eau, et tout l'appareil redescend dans la vase où mûriront les fruits.

Le système de l'Utriculaire est encore plus compliqué. Voici comme le décrit M. H. Bocquillon dans *La Vie des Plantes*: «Ces plantes, communes dans les étangs, les fossés, les mares, les flaques d'eau des tourbières, ne sont pas visibles en hiver; elles reposent sur la vase. Leur tige allongée, grêle, traînante, est garnie de feuilles réduites à des filaments ramifiés. A l'aisselle des feuilles ainsi transformées, on remarque une sorte de petite poche pyriforme, dont l'extrémité supérieure et aiguë est munie d'une ouverture. Cette ouverture porte une soupape qui ne peut s'ouvrir que du dehors en dedans; les bords en sont garnis de poils ramifiés; l'intérieur de la poche est tapissé d'autres petits poils sécréteurs qui lui donnent l'aspect du velours. Lorsque le moment de la floraison est arrivé, les petites outres axillaires se remplissent d'air; plus cet air tend à s'échapper, mieux il ferme la soupape. En définitive, il donne à la plante une grande légèreté spécifique et l'amène à la surface de l'eau. C'est alors seulement que s'épanouissent ces charmantes petites fleurs jaunes qui simulent de bizarres petits museaux aux lèvres plus ou moins renflées, dont le palais est strié de lignes orangées ou ferrugineuses. Pendant les mois de juin, juillet, août, elles montrent leurs fraîches couleurs au milieu des détritus végétaux, s'élevant gracieusement au-dessus de l'eau bourbeuse. Mais la fécondation s'est effectuée, le fruit se développe, les rôles changent; l'eau ambiante pèse sur la soupape des utricules, l'enfonce, se précipite dans la cavité, alourdit la plante et la force à redescendre dans la vase.»

N'est-il pas curieux de voir ramassées en ce petit appareil immémorial quelques-unes des plus fécondes et des plus récentes inventions humaines: le jeu des valves ou des soupapes, la pression des liquides et de l'air, le principe d'Archimède étudié et utilisé? Comme le fait observer l'auteur que nous venons de citer, «l'ingénieur qui le premier attacha au bâtiment coulé à fond un appareil de flottage, ne se doutait guère qu'un procédé analogue était en usage depuis des milliers d'années». Dans un monde que nous croyons inconscient et dénué d'intelligence, nous nous imaginons d'abord que la moindre de nos idées crée des combinaisons et des rapports nouveaux. A examiner les choses de plus près, il paraît infiniment probable qu'il nous est impossible de créer quoi que ce soit. Derniers venus sur cette terre, nous retrouvons simplement ce qui a toujours existé; nous refaisons comme des enfants émerveillés la route que la vie avait faite avant nous. Il est du reste fort naturel et réconfortant qu'il en soit ainsi. Mais nous reviendrons sur ce point.

VIII

Nous ne pouvons quitter les plantes aquatiques sans rappeler brièvement la vie de la plus romanesque d'entre elles: la légendaire Vallisnère ou Vallisnérie, une Hydrocharidée dont les noces forment l'épisode le plus tragique de l'histoire amoureuse des fleurs.

La Vallisnère est une herbe assez insignifiante, qui n'a rien de la grâce étrange du Nénuphar ou de certaines chevelures sous-marines. Mais on dirait que la nature a pris plaisir à mettre en elle une belle idée. Toute l'existence de la petite plante se passe au fond de l'eau, dans une sorte de demi-sommeil, jusqu'à l'heure nuptiale où elle aspire à une vie nouvelle. Alors, la fleur femelle déroule lentement la longue spirale de son pédoncule, monte, émerge, vient planer et s'épanouir à la surface de l'étang. D'une souche voisine, les fleurs mâles qui l'entrevoient à travers l'eau ensoleillée, s'élèvent à leur tour, pleines d'espoir, vers celle qui se balance, les attend, les appelle dans un monde magique. Mais arrivées à mi-chemin, elles se sentent brusquement retenues: leur tige, source même de leur vie, est trop courte; elles n'atteindront jamais le séjour de lumière, le seul où se puisse accomplir l'union des étamines et du pistil.

Est-il dans la nature inadvertance ou épreuve plus cruelle? Imaginez le drame de ce désir, l'inaccessible que l'on touche, la fatalité transparente, l'impossible sans obstacle visible!...

Il serait insoluble comme notre propre drame sur cette terre; mais voici que s'y mêle un élément inattendu. Les mâles avaient-ils le pressentiment de leur déception? Toujours est-il qu'ils ont renfermé dans leur cœur une bulle d'air, comme on renferme dans son âme une pensée de délivrance désespérée. On dirait qu'ils hésitent un instant; puis, d'un effort magnifique,—le plus surnaturel que je sache dans les fastes des insectes et des fleurs,—pour s'élever jusqu'au bonheur, ils rompent délibérément le lien qui les attache à l'existence. Ils s'arrachent à leur pédoncule, et d'un incomparable élan, parmi des perles d'allégresse, leurs pétales viennent crever la surface des eaux. Blessés à mort mais radieux et libres, ils flottent un moment aux côtés de leurs insoucieuses fiancées; l'union s'accomplit, après quoi les sacrifiés s'en vont périr à la dérive, tandis que l'épouse déjà mère clôt sa corolle où vit leur dernier souffle, enroule sa spirale et redescend dans les profondeurs pour y mûrir le fruit du baiser héroïque.

Faut-il ternir ce joli tableau, rigoureusement exact mais vu du côté de la lumière, en le regardant également du côté de l'ombre? Pourquoi pas? Il y a parfois du côté de l'ombre des vérités tout aussi intéressantes que du côté de la lumière. Cette délicieuse tragédie n'est parfaite que lorsqu'on considère l'intelligence, les aspirations de l'espèce. Mais si l'on observe les individus, on les verra souvent s'agiter maladroitement et à contre-sens dans ce plan idéal. Tantôt les fleurs mâles monteront à la surface quand il n'y a pas encore de fleurs pistillées dans le voisinage. Tantôt, lorsque l'eau basse leur permettrait de rejoindre aisément leurs compagnes, elles n'en rompront pas moins, machinalement et inutilement, leur tige. Nous constatons ici, une fois de plus, que tout le génie réside dans l'espèce, la vie ou la nature; et que l'individu est à peu près stupide. Chez l'homme seul il y a émulation réelle entre les deux intelligences, tendance de plus en plus précise, de plus en plus active à une sorte d'équilibre qui est le grand secret de notre avenir.

IX

Les plantes parasites nous offriraient également de singuliers et malicieux spectacles, telle cette étonnante Grande Cuscute qu'on appelle vulgairement Teigne ou Barbe de moine. Elle n'a pas de feuilles, et à peine sa tige a-t-elle atteint quelques centimètres de longueur, qu'elle abandonne volontairement ses racines, pour s'enrouler autour de la victime qu'elle a choisie et dans laquelle elle enfonce ses suçoirs. Dès lors, elle vit exclusivement aux dépens de sa proie. Il est impossible de tromper sa perspicacité, elle refusera tout soutien qui ne lui plaît pas, et ira chercher, assez loin s'il le faut, la tige de Chanvre, de Houblon, de Luzerne ou de Lin qui convient à son tempérament et à ses goûts.

Cette Grande Cuscute appelle naturellement notre attention sur les plantes grimpantes, qui ont des mœurs très remarquables et dont il faudrait dire un mot. Du reste, ceux d'entre nous qui ont quelque peu vécu à la campagne ont eu maintes fois l'occasion d'admirer l'instinct, la sorte de vision qui dirige les vrilles de la Vigne vierge ou du Volubilis, vers le manche d'un râteau ou d'une bêche posé contre un mur. Déplacez le râteau, et le lendemain la vrille se sera complètement retournée et l'aura retrouvé. Schopenhauer, dans son traité: *Ueber den Willen in der Natur*, au chapitre consacré à la physiologie des plantes, résume sur ce point et sur plusieurs autres une foule d'observations et d'expériences qu'il serait trop long de rapporter ici. J'y renvoie donc le lecteur; il y trouvera l'indication de nombreuses sources et références. Ai-je besoin d'ajouter que depuis cinquante ou soixante ans, ces sources se sont étrangement multipliées et qu'au surplus, la matière est presque inépuisable?

Entre tant d'inventions, de ruses, de précautions diverses, citons encore, à titre d'exemples, la prudence de l'Hyoséride rayonnante (*Hyoseris radiata*), petite plante à fleurs jaunes, assez semblable au Pissenlit, et qu'on trouve fréquemment sur les vieux murs de la Riviera. Afin d'assurer à la fois la dissémination et la stabilité de sa race, elle porte en même temps deux espèces de graines: les unes se détachent facilement et sont munies d'ailes pour se livrer au vent, tandis que les autres qui en sont dépourvues, demeurent prisonnières dans l'inflorescence et ne sont libérées que lorsque celle-ci se décompose.

Le cas de la Lampourde épineuse (*Xanthium spinosum*) nous montre à quel point sont bien conçus et réussissent effectivement certains systèmes de dissémination. Cette Lampourde est une affreuse mauvaise herbe hérissée de pointes barbares. Il n'y a pas bien longtemps, elle était inconnue dans l'Europe occidentale, et personne, naturellement, n'avait songé à l'y acclimater. Elle doit ses conquêtes aux crochets qui garnissent les capsules de ses fruits et qui s'agriffent à la toison des animaux. Originaire de la Russie, elle nous est arrivée dans les ballots de laine importés du fond des steppes de la Moscovie, et l'on pourrait suivre sur la carte les étapes de cette grande migratrice qui s'annexa un nouveau monde.

La Silène d'Italie (*Silene Italica*), petite fleur blanche et naïve qu'on trouve en abondance sous les oliviers, a fait travailler sa pensée dans une autre direction. Apparemment très craintive, très susceptible, pour éviter la visite d'insectes incommodes et indélicats, elle garnit ses tiges de poils glanduleux d'où suinte une liqueur visqueuse et où se prennent si bien les parasites que les paysans du Midi utilisent la plante comme attrape-mouches dans leurs maisons. Certaines espèces de Silènes ont d'ailleurs ingénieusement simplifié le système. Comme c'est surtout les fourmis qu'elles redoutent, elles ont trouvé qu'il suffisait, pour les empêcher de passer, de disposer sous le nœud de chaque tige un large anneau gluant. C'est exactement ce que font les jardiniers quand ils tracent autour du tronc des pommiers afin d'arrêter l'ascension des chenilles, un anneau de goudron.

Ceci nous mènerait à étudier les moyens de défense des plantes. M. Henri Coupin, dans un excellent livre de vulgarisation: *Les Plantes originales*, auquel je renvoie le lecteur qui désire de plus amples détails, examine quelques-unes de ces armes bizarres. Il y a d'abord la passionnante question des épines, au sujet desquelles un élève de la Sorbonne, M. Lothelier, a fait de très curieuses expériences, qui prouvent que l'ombre et l'humidité tendent à supprimer les parties piquantes des végétaux. Par contre, plus le lieu où elle croît est aride et brûlé de soleil, plus la plante se hérisse et multiplie ses dards, comme si elle comprenait que presque seule survivante parmi les rocs déserts ou sur le sable calciné, il est nécessaire qu'elle redouble énergiquement sa défense contre un ennemi qui n'a plus le choix de sa proie. Il est en outre remarquable que, cultivées par l'homme, la plupart des plantes à épines abandonnent peu à peu leurs armes, remettant le soin de leur salut au protecteur surnaturel qui les adopte dans son clos[B].

Certaines plantes, entre autres les Borraginées remplacent les épines par des poils très durs. D'autres, comme l'Ortie, y ajoutent le poison. D'autres, le Géranium, la Menthe, la Rue, etc., pour écarter les animaux, s'imprègnent d'odeurs fortes. Mais les plus étranges sont celles qui se défendent mécaniquement. Je ne citerai que la Prêle qui s'entoure d'une véritable armure de grains de Silex microscopiques. Du reste, presque toutes les Graminées, afin de décourager la gloutonnerie des limaces et des escargots, introduisent de la chaux dans leurs tissus.

X

Avant d'aborder l'étude des appareils compliqués que nécessite la fécondation croisée, parmi les milliers de cérémonies nuptiales en usage dans nos jardins, mentionnons les idées ingénieuses de quelques fleurs très simples où les époux naissent, s'aiment et meurent dans la même corolle. On connaît suffisamment le type du système: les étamines[C] ou organes mâles, généralement frêles et nombreuses, sont rangées autour du pistil robuste et patient. «*Mariti et uxores uno eodemque thalamo gaudent*», dit délicieusement le grand Linné. Mais la disposition, la forme, les habitudes de ces organes varient de fleur en fleur, comme si la nature avait une pensée qui ne peut encore se fixer, ou une imagination qui se fait son point d'honneur de ne jamais se répéter. Souvent le pollen, quand il est mûr, tombe tout naturellement du haut des étamines sur le pistil; mais, bien souvent aussi, pistil et étamines sont de même taille, ou celles-ci sont trop éloignées, ou le pistil est deux fois plus grand qu'elles. Ce sont alors des efforts infinis pour se joindre. Tantôt, comme dans l'Ortie, les étamines, au fond de la corolle, se tiennent accroupies sur leur tige. Au moment de la fécondation, celle-ci se détend telle qu'un ressort, et l'anthère ou sac à pollen qui la surmonte lance un nuage de poussière sur le stigmate. Tantôt, comme chez l'Épine-vinette, pour que l'hymen ne puisse s'accomplir que durant les belles heures d'un beau jour, les étamines, éloignées du pistil, sont maintenues contre les parois de la fleur par le poids de deux glandes humides; le soleil paraît, évapore le liquide, et les étamines délestées se précipitent sur le stigmate. Ailleurs c'est autre chose: ainsi chez les Primevères, les femelles sont tour à tour plus longues ou plus petites que les mâles. Dans le Lis, la Tulipe, etc., l'épouse, trop élancée, fait ce qu'elle peut pour recueillir et fixer le pollen. Mais le système le plus original et le plus fantaisiste est celui de la Rue (*Ruta graveolens*), une herbe médicinale assez malodorante, de la bande mal famée des emménagogues. Les étamines, tranquilles et dociles dans la corolle jaune, attendent, rangées en cercle autour du gros pistil trapu. A l'heure conjugale, obéissant à l'ordre de la femme qui fait apparemment une sorte d'appel nominal, l'un des mâles s'approche et touche le stigmate, puis viennent le troisième, le cinquième, le septième, le neuvième mâle, jusqu'à ce que tout le rang impair ait donné. Ensuite, c'est dans le rang pair, le tour du deuxième, du quatrième, du sixième, etc. C'est bien l'amour au commandement. Cette fleur qui sait compter me paraissait si extraordinaire que je n'en ai pas cru, d'abord, les botanistes et que j'ai tenu à vérifier plus d'une fois son sentiment des nombres avant d'oser le confirmer. J'ai constaté qu'elle se trompe assez rarement.

Il serait abusif de multiplier ces exemples. Une simple promenade dans les champs ou les bois permettra de faire sur ce point mille observations aussi curieuses que celles que rapportent les botanistes. Mais, avant de clore ce chapitre, je tiens à signaler une dernière fleur; non qu'elle témoigne d'une imagination bien extraordinaire, mais pour la grâce délicieuse et facilement saisissable de son geste d'amour. C'est la Nigelle de Damas (*Nigella damascena*) dont les noms vulgaires sont charmants: Cheveux de Vénus, Diable dans le buisson, Belle aux cheveux dénoués, etc., efforts heureux et touchants de la poésie populaire pour décrire une petite plante qui lui plaît. On la trouve, cette plante, à l'état sauvage, dans le Midi, au bord des routes et sous les oliviers, et dans le Nord on la cultive assez souvent dans les jardins un peu démodés. La fleur est d'un bleu tendre, simple comme une fleurette de primitif, et les «Cheveux de Vénus, les cheveux dénoués», sont les feuilles emmêlées, ténues et légères qui entourent la corolle d'un «buisson» de verdure vaporeuse. A la naissance de la fleur, les cinq pistils, extrêmement longs, se tiennent étroitement groupés au centre de la couronne d'azur, comme cinq reines vêtues de robes vertes, altières, inaccessibles. Autour d'elles se presse sans espoir la foule innombrable de leurs amants, les étamines, qui n'arrivent pas à la hauteur de leurs genoux. Alors, au sein de ce palais de turquoises et de saphirs, dans le bonheur des jours d'été, commence le drame sans paroles et sans dénouement que l'on puisse prévoir, de l'attente impuissante, inutile, immobile. Mais les heures s'écoulent, qui sont les années de la fleur; l'éclat de celle-ci se ternit, des pétales se détachent, et l'orgueil des grandes reines, sous le poids de la vie semble enfin s'infléchir. A un moment donné, comme si elles obéissaient au mot d'ordre secret et irrésistible de l'amour qui juge l'épreuve suffisante, d'un mouvement concerté et symétrique, comparable aux harmonieuses paraboles d'un quintuple jet d'eau qui retombe dans sa vasque, toutes ensemble se penchent à la renverse et viennent gracieusement cueillir, aux lèvres de leurs humbles amants, la poudre d'or du baiser nuptial.

XI

L'imprévu, comme on voit, abonde ici. Il y aurait donc à écrire un gros livre sur l'intelligence des plantes, comme Romanes en fit un sur l'intelligence des animaux. Mais cette esquisse n'a nullement la prétention de devenir un manuel de ce genre; j'y veux simplement attirer l'attention sur quelques événements intéressants qui se passent à côté de nous, dans ce monde où nous nous croyons un peu trop vaniteusement privilégiés. Ces événements ne sont pas choisis, mais pris à titre d'exemples, au hasard des observations et des circonstances. Au demeurant, j'entends, en ces brèves notes, m'occuper avant tout de la fleur, car c'est en elle qu'éclatent les plus grandes merveilles. J'écarte pour l'instant les fleurs carnivores, Droséras, Népenthès, Sarracéniées, etc., qui touchent au règne animal et demanderaient une étude spéciale et développée, pour ne m'attacher qu'à la fleur vraiment fleur, à la fleur proprement dite, que l'on croit insensible et inanimée.

Afin de séparer les faits des théories, parlons d'elle comme si elle avait prévu et conçu à la manière des hommes, ce qu'elle a réalisé. Nous verrons plus loin ce qu'il faut lui laisser, ce qu'il convient de lui reprendre. En ce moment, la voilà seule en scène, comme une princesse magnifique douée de raison et de volonté. Il est indéniable qu'elle en paraît pourvue; et pour l'en dépouiller, il faut avoir recours à de bien obscures hypothèses. Elle est donc là, immobile sur sa tige, abritant dans un tabernacle éclatant les organes reproducteurs de la plante. Il semble qu'elle n'aie qu'à laisser s'accomplir, au fond de ce tabernacle d'amour, l'union mystérieuse des étamines et du pistil. Et beaucoup de fleurs y consentent. Mais pour beaucoup d'autres se pose, gros d'affreuses menaces, le problème, normalement insoluble, de la fécondation croisée. A la suite de quelles expériences innombrables et immémoriales ont-elles reconnu que l'auto-fécondation, c'est-à-dire la fécondation du stigmate par le pollen tombé des anthères qui l'entourent dans la même corolle, entraîne rapidement la dégénérescence de l'espèce? Elles n'ont rien reconnu, ni profité d'aucune expérience, nous dit-on. La force des choses élimina tout simplement et peu à peu les graines et les plantes affaiblies par l'auto-fécondation. Bientôt, ne subsistèrent que celles qu'une anomalie quelconque, par exemple la longueur exagérée du pistil inaccessible aux anthères, empêchait qu'elles se fécondassent elles-mêmes. Ces exceptions survivant seules, à travers mille péripéties, l'hérédité fixa finalement l'œuvre du hasard, et le type normal disparut.

XII

Nous verrons plus loin ce qu'éclairent ces explications. Pour le moment, sortons encore une fois dans le jardin ou dans la plaine, afin d'étudier de plus près deux ou trois inventions curieuses du génie de la fleur. Et déjà, sans nous éloigner de la maison, voici, hantée des abeilles, une touffe odorante qu'habite un mécanicien très habile. Il n'est personne, même parmi les moins rustiques, qui ne connaisse la bonne Sauge. C'est une *Labiée* sans prétention; elle porte une fleur très modeste qui s'ouvre énergiquement, comme une gueule affamée, afin de happer au passage les rayons du soleil. On en trouve d'ailleurs un grand nombre de variétés, qui, détail curieux, n'ont pas toutes adopté ou poussé à la même perfection le système de fécondation que nous allons examiner.

Mais je ne m'occupe ici que de la Sauge la plus commune, celle qui recouvre en ce moment, comme pour célébrer le passage du Printemps, de draperies violettes, tous les murs de mes terrasses d'oliviers. Je vous assure que les balcons des grands palais de marbre qui attendent les rois, n'eurent jamais décoration plus luxueuse, plus heureuse, plus odorante. On croit saisir les parfums mêmes des clartés du soleil lorsqu'il est le plus chaud, lorsque sonne midi...

Pour en venir aux détails, le stigmate ou organe femelle est donc renfermé dans la lèvre supérieure, qui forme une sorte de capuchon, où se trouvent également les deux étamines ou organes mâles. Afin d'empêcher qu'elles ne fécondent le stigmate qui partage le même pavillon nuptial, ce stigmate est deux fois plus long qu'elles, de sorte qu'elles n'ont aucun espoir de l'atteindre. Du reste, pour éviter tout accident, la fleur s'est faite *proténandre*, c'est-à-dire que les étamines mûrissent avant le pistil, si bien que lorsque la femelle est apte à concevoir, les mâles ont déjà disparu. Il faut donc qu'une force extérieure intervienne pour accomplir l'union en transportant un pollen étranger sur le stigmate abandonné. Un certain nombre de fleurs, les *anémophiles*, s'en remettent au vent de ce soin. Mais la Sauge, et c'est le cas le plus général, est *entomophile*, c'est-à-dire qu'elle aime les insectes et ne compte que sur la collaboration de ceux-ci. Du reste, elle n'ignore point,—car elle sait bien des choses,—qu'elle vit dans un monde où il convient de ne s'attendre à aucune sympathie, à aucune aide charitable. Elle ne perdra donc pas sa peine à faire d'inutiles appels à la complaisance de l'abeille. L'abeille, comme tout ce qui lutte contre la mort sur notre terre, n'existe que pour soi et pour son espèce, et ne se soucie nullement de rendre service aux fleurs qui la nourrissent. Comment l'obliger d'accomplir malgré elle, ou du moins à son insu, son office matrimonial? Voici le merveilleux piège d'amour imaginé par la Sauge: tout au fond de sa tente de soie violette, elle distille quelques gouttes de nectar; c'est l'appât. Mais, barrant l'accès du liquide sucré, se dressent deux tiges parallèles, assez semblables aux arbres pivotants d'un pont-levis hollandais. Tout en haut de chaque tige se trouve une grosse ampoule, l'anthère, qui déborde de pollen; en bas, deux ampoules plus petites servent de contrepoids. Quand l'abeille pénètre dans la fleur, pour atteindre le nectar, elle doit pousser de la tête les petites ampoules. Les deux tiges, qui pivotent sur un axe, basculent aussitôt, et les anthères supérieures viennent toucher les flancs de l'insecte qu'ils couvrent de poussière fécondante.

Aussitôt l'abeille sortie, les pivots formant ressorts ramènent le mécanisme à sa position primitive, et tout est prêt à fonctionner lors d'une nouvelle visite.

Cependant, ce n'est là que la première moitié du drame: la suite se déroule dans un autre décor. En une fleur voisine, où les étamines viennent de se flétrir, entre en scène le pistil qui attend le pollen. Il sort lentement du capuchon, s'allonge, s'incline, se recourbe, se bifurque, de manière à barrer à son tour l'entrée du pavillon. Allant au nectar, la tête de l'abeille passe librement sous la fourche suspendue, mais celle-ci vient lui frôler le dos et les flancs, exactement aux points que touchèrent les étamines. Le stigmate bifide absorbe avidement la poussière argentée et l'imprégnation s'accomplit. Il est du reste facile, en introduisant dans la fleur un brin de paille ou le bout d'une allumette, de mettre en branle l'appareil et de se rendre compte de la combinaison et de la précision touchantes et merveilleuses de tous ses mouvements.

Les variétés de la Sauge sont très nombreuses, on en compte environ cinq cents, et je vous fais grâce de la plupart de leurs noms scientifiques qui ne sont pas toujours élégants: *Salvia Pratensis*, *Officinalis* (celle de nos potagers), *Horminum*, *Horminoides*, *Glutinosa*, *Sclarea*, *Rœmeri*, *Azurea*, *Pitcheri*, *Splendens* (la magnifique Sauge écarlate de nos corbeilles), etc. Il ne s'en trouve peut-être pas une seule qui n'ait modifié quelque détail du mécanisme que nous venons d'examiner. Les unes, et c'est, je crois, un perfectionnement discutable, ont doublé, parfois triplé la longueur du pistil, de telle façon qu'il sort non seulement du capuchon, mais vient amplement se recourber en panache devant l'entrée de la fleur. Elles évitent ainsi le danger, à la rigueur possible, de la fécondation du stigmate par les anthères logées dans le même capuchon, mais, par contre, il se peut faire, si la *proténandrie* n'est pas rigoureuse, que l'abeille, au sortir de la fleur, dépose sur ce stigmate le pollen des anthères avec lesquelles il cohabite. D'autres, dans le mouvement de bascule, font diverger davantage les anthères, qui, de cette manière, frappent avec plus de précision les flancs de l'animal. D'autres enfin n'ont pas réussi à agencer, à ajuster toutes les parties de la mécanique. Je trouve, par exemple, non loin de mes Sauges violettes, près du puits, sous une touffe de Lauriers-roses, une famille à fleurs blanches teintées de lilas pâle. On n'y découvre ni projet ni trace de bascule. Les étamines et le stigmate encombrent pêle-mêle le milieu de la corolle. Tout y semble livré au hasard et désorganisé. Je ne doute pas qu'il ne soit possible, à qui réunirait les très nombreuses variétés de cette Labiée, de reconstituer toute l'histoire, de suivre toutes les étapes de l'invention, depuis le désordre primitif de la Sauge blanche que j'ai sous les yeux, jusqu'aux derniers perfectionnements de la Sauge officinale. Qu'est-ce à dire? Le système est-il encore à l'étude dans la tribu aromatique? En est-on toujours à la période de la mise au point et des essais, comme pour la vis d'Archimède dans la famille du Sainfoin? N'y a-t-on pas encore unanimement reconnu l'excellence de la bascule automatique? Tout ne serait donc pas immuable et préétabli, on discuterait, on expérimenterait donc dans ce monde que nous croyons fatalement, organiquement routinier[D]?

XIII

Quoi qu'il en soit, la fleur de la plupart des Sauges offre donc une élégante solution du grand problème de la fécondation croisée. Mais de même que, parmi les hommes, une invention nouvelle est aussitôt reprise, simplifiée, améliorée par une foule de petits chercheurs infatigables, dans le monde des fleurs qu'on pourrait appeler «mécaniques», le brevet de la Sauge a été tourné et, en maints détails, étrangement perfectionné. Une assez vulgaire Scrofularinée, la Pédiculaire des bois (*Pedicularis sylvatica*), que vous avez sûrement rencontrée dans les parties ombragées des boqueteaux et des bruyères, y a apporté des modifications extrêmement ingénieuses. La forme de la corolle est à peu près pareille à celle de la Sauge; le stigmate et les deux anthères sont tous trois logés dans le capuchon supérieur. Seule la petite boule humide du stigmate dépasse le capuchon, tandis que les anthères y demeurent strictement prisonnières. Dans ce tabernacle soyeux, les organes des deux sexes sont donc très à l'étroit, et même en contact immédiat; néanmoins, grâce à un dispositif tout différent de celui de la Sauge, l'auto-fécondation est absolument impossible. En effet, les anthères forment deux ampoules pleines de poudre; ces ampoules qui n'ont chacune qu'une ouverture sont juxtaposées de manière que ces ouvertures coïncidant, s'obturent réciproquement. Elles sont maintenues de force à l'intérieur du capuchon, sur leurs tiges repliées qui forment ressort, par deux sortes de dents. L'abeille ou le bourdon qui pénètre dans la fleur pour y puiser le nectar, écarte nécessairement ces dents; aussitôt libérées, les ampoules surgissent, se projettent au dehors et s'abattent sur le dos de l'insecte.

Mais là ne s'arrêtent pas le génie et la prévoyance de la fleur. Comme le fait observer H. Müller, qui le premier étudia complètement le prodigieux mécanisme de la Pédiculaire, «si les étamines frappaient l'insecte en conservant leur disposition relative, pas un grain de pollen n'en sortirait, puisque leurs orifices se bouchent réciproquement. Mais un artifice aussi simple qu'ingénieux vient à bout de la difficulté. La lèvre inférieure de la corolle, au lieu d'être symétrique et horizontale, est irrégulière et oblique, au point qu'un côté est plus haut que l'autre de quelques millimètres. Le bourdon posé dessus ne peut avoir lui-même qu'une position inclinée. Il en résulte que sa tête ne heurte que l'une après l'autre les saillies de la corolle. C'est donc successivement aussi que se produit le déclenchement des étamines, et l'une, puis l'autre, viennent frapper l'insecte, leur orifice libre, et l'asperger de poussière fécondante.

«Quand le bourdon passe ensuite à une autre fleur, il la féconde inévitablement, car, détail omis à dessein, ce qu'il rencontre tout d'abord en poussant sa tête à l'entrée de la corolle, c'est le stigmate qui le frôle, juste à l'endroit où il va, l'instant d'après, être atteint par le choc des étamines, l'endroit précisément où l'ont déjà touché les étamines de la fleur qu'il vient de quitter.»

XIV

On pourrait multiplier indéfiniment ces exemples, chaque fleur a son idée, son système, son expérience acquise qu'elle met à profit. A examiner de près leurs petites inventions, leurs procédés divers, on se rappelle ces passionnantes expositions de machines-outils, où le génie mécanique de l'homme révèle toutes ses ressources. Mais notre génie mécanique date d'hier; tandis que la mécanique florale fonctionne depuis des milliers d'années. Lorsque la fleur fit son apparition sur notre terre, il n'y avait autour d'elle aucun modèle qu'elle pût imiter; il a fallu qu'elle tirât tout de son propre fond. A l'époque où nous en étions encore à la massue, à l'arc, au fléau d'armes, aux jours relativement récents où nous imaginâmes le rouet, la poulie, le palan, le bélier, au temps,—c'était pour ainsi dire l'année dernière,—où nos chefs-d'œuvre étaient la catapulte, l'horloge et le métier à tisser, la Sauge avait façonné les arbres pivotants et les contrepoids de sa bascule de précision, et la Pédiculaire ses ampoules obturées comme pour une expérience scientifique, les déclenchements successifs de ses ressorts et la combinaison de ses plans inclinés. Qui donc, il y a moins de cent ans, se doutait des propriétés de l'hélice que l'Érable et le Tilleul utilisent depuis la naissance des arbres. Quand parviendrons-nous à construire un parachute ou un aviateur aussi rigide, aussi léger, aussi subtil et aussi sûr que celui du Pissenlit? Quand trouverons-nous le secret de tailler dans un tissu aussi fragile que la soie des pétales, un ressort aussi puissant que celui qui projette dans l'espace le pollen doré du Genêt d'Espagne? Et la Momordique ou Pistolet de Dames dont je citais le nom au commencement de cette petite étude, qui nous dira le mystère de sa force miraculeuse? Connaissez-vous la Momordique? C'est une humble Cucurbitacée, assez commune le long du littoral méditerranéen. Son fruit charnu qui ressemble à un petit concombre est doué d'une vitalité, d'une énergie inexplicables. Si peu qu'on le touche, au moment de sa maturité, il se détache subitement de son pédoncule par une contraction convulsive, et lance à travers l'ouverture produite par l'arrachement, mêlé à de nombreuses graines, un jet mucilagineux, d'une si prodigieuse puissance qu'il emporte la semence à quatre ou cinq mètres de la plante natale. Le geste est aussi extraordinaire que si nous parvenions, proportion gardée, à nous vider d'un seul mouvement spasmodique et à envoyer tous nos organes, nos viscères et notre sang à un demi-kilomètre de notre peau ou de notre squelette. Du reste, un grand nombre de graines usent en balistique de procédés et utilisent des sources d'énergie qui nous sont plus ou moins inconnues. Rappelez-vous, par exemple, les crépitements du Colza et du Genêt; mais l'un des grands maîtres de l'artillerie végétale c'est l'Épurge. L'Épurge est une Euphorbiacée de nos climats, une grande «mauvaise herbe» assez ornementale, qui dépasse souvent la taille de l'homme. En ce moment, j'ai sur ma table, trempant dans un verre d'eau, une branche d'Épurge. Elle porte des baies trilobées et verdâtres qui renferment les graines. De temps en temps, une de ces baies éclate avec fracas, et les graines douées d'une vitesse initiale prodigieuse frappent de tous côtés les meubles et les murs. Si l'une d'elles vous atteint au visage, vous croirez être piqué par un insecte, tant est extraordinaire la force de pénétration de ces minuscules semences grosses comme des têtes d'épingle. Examinez la baie, cherchez les ressorts qui l'animent, vous ne trouverez pas le secret de cette force; elle est aussi invisible que celle de nos nerfs. Le Genêt d'Espagne (*Spartium Junceum*) a non seulement des cosses, mais des fleurs à ressort. Peut-être avez-vous remarqué l'admirable plante. C'est le plus superbe représentant de cette puissante famille des Genêts, âpre à la vie, pauvre, sobre, robuste, que ne rebute aucune terre, aucune épreuve. Il forme le long des sentiers et dans les montagnes du Midi, d'énormes boules touffues, parfois hautes de trois mètres, qui de mai à juin, se couvrent d'une magnifique floraison d'or pur, dont les parfums mêlés à ceux de son habituel voisin, le Chèvrefeuille, étalent sous la fureur d'un soleil calcaire, des délices qu'on ne peut définir qu'en évoquant des rosées célestes, des sources élyséennes, des fraîcheurs et des transparences d'étoiles au creux de grottes bleues...

La fleur de ce Genêt, comme celle de toutes les Légumineuses papilionacées, ressemble à la fleur des pois de nos jardins; et ses pétales inférieurs soudés en éperon de galère enferment hermétiquement les étamines et le pistil. Tant qu'elle n'est pas mûre, l'abeille qui l'explore la trouve impénétrable. Mais dès qu'arrive pour les fiancés captifs l'heure de la puberté, sous le poids de l'insecte qui se pose, l'éperon s'abaisse, la chambre d'or éclate voluptueusement, projetant au loin, avec force, sur le visiteur, sur les fleurs prochaines, un nuage de poudre lumineuse, qu'un large pétale disposé en auvent, rabat, par surcroît de précautions, sur le stigmate qu'il s'agit d'imprégner.

XV

Ceux qui voudraient étudier à fond tous ces problèmes, je les renvoie aux ouvrages de Christian-Konrad Sprengel, qui le premier, et dès 1793, dans son curieux travail: *Das entdeckte Geheimniss der Natur*, analysa les fonctions des différents organes chez les Orchidées; puis aux livres de Charles Darwin, du docteur H. Müller de Lippstadt, de Hildebrandt, de l'Italien Delpino, de Hooker, de Robert Brown et de bien d'autres.

C'est parmi les Orchidées que nous trouverons les manifestations les plus parfaites et les plus harmonieuses de l'intelligence végétale. En ces fleurs tourmentées et bizarres, le génie de la plante atteint ses points extrêmes et vient percer d'une flamme insolite la paroi qui sépare les règnes. Du reste, il ne faut pas que ce nom d'Orchidées nous égare et nous fasse croire qu'il ne s'agit ici que de fleurs rares et précieuses, de ces reines de serres qui semblent réclamer les soins de l'orfèvre plutôt que ceux du jardinier. Notre flore indigène et sauvage, qui comprend toutes nos modestes «Mauvaises herbes», compte plus de vingt-cinq espèces d'Orchidées, parmi lesquelles, justement, se rencontrent les plus ingénieuses et les plus compliquées. C'est elles que Charles Darwin a étudiées dans son livre: *De la Fécondation des Orchidées par les insectes*, qui est l'histoire merveilleuse des plus héroïques efforts de l'âme de la fleur. Il ne saurait être question de résumer ici, en quelques lignes, cette abondante et féerique biographie. Néanmoins, puisque nous nous occupons de l'intelligence des fleurs, il est nécessaire de donner une idée suffisante des procédés et des habitudes mentales de celle qui l'emporte sur toutes dans l'art d'obliger l'abeille ou le papillon à faire exactement ce qu'elle désire, dans la forme et le temps prescrits.

XVI

Il n'est pas facile de faire comprendre, sans figures, le mécanisme extraordinairement complexe de l'Orchidée; j'essayerai néanmoins d'en donner une idée suffisante, à l'aide de comparaisons plus ou moins approximatives, tout en évitant autant que possible l'emploi des termes techniques, tels que *rétinacle, labellum, rostellum, pollinies,* etc., qui n'évoquent aucune image précise chez les personnes peu familières avec la Botanique.

Prenons l'une des Orchidées les plus répandues dans nos contrées, l'*Orchis maculata,* par exemple, ou plutôt, car elle est un peu plus grande et par conséquent d'observation plus facile, l'*Orchis latifolia,* l'*Orchis à larges feuilles,* vulgairement appelée *Pentecôte.* C'est une plante vivace qui atteint de trente à soixante centimètres de hauteur. Elle est assez commune dans les bois et les prairies humides, et porte un thyrse de petites fleurs rosâtres qui s'épanouissent en mai et en juin.

La fleur type de nos Orchidées représente assez exactement une gueule fantastique et béante de dragon chinois. La lèvre inférieure très allongée et pendante, en forme de tablier dentelé ou déchiqueté, sert de pied-à-terre ou de reposoir à l'insecte. La lèvre supérieure s'arrondit en une sorte de capuchon qui abrite les organes essentiels; tandis qu'au dos de la fleur, à côté du pédoncule, s'abaisse une espèce d'éperon ou de long cornet pointu qui renferme le nectar. Chez la plupart des fleurs, le stigmate ou organe femelle est une petite houppe plus ou moins visqueuse qui, patiente, au bout d'une tige fragile, attend la venue du pollen. Dans l'Orchidée, cette installation classique est devenue méconnaissable. Au fond de la gueule, à la place qu'occupe la luette dans la gorge, se trouvent deux stigmates étroitement soudés, au-dessus desquels s'élève un troisième stigmate modifié en un organe extraordinaire. Il porte à son sommet une sorte de pochette, ou plus exactement de demi-vasque qu'on appelle le *rostellum.* Cette demi-vasque est pleine d'un liquide visqueux, dans lequel trempent deux minuscules boulettes d'où sortent deux courtes tiges chargées à leur extrémité supérieure d'un paquet de grains de pollen soigneusement ficelé.

Voyons maintenant ce qui se produit lorsqu'un insecte pénètre dans la fleur. Il se pose sur la lèvre inférieure, étalée pour le recevoir, et, attiré par l'odeur du nectar, cherche à atteindre, tout au fond, le cornet qui le contient. Mais le passage est, à dessein, très rétréci; et sa tête en s'avançant heurte forcément la demi-vasque. Aussitôt celle-ci, attentive au moindre choc, se déchire suivant une ligne convenable, et met à nu les deux boulettes enduites du liquide visqueux. Ces dernières en contact immédiat avec le crâne du visiteur s'y attachent et s'y collent solidement, de façon que, lorsque l'insecte quitte la fleur, il les emporte et, avec elles, les deux tiges qu'elles soutiennent et que terminent les paquets de pollen ficelés. Voilà donc l'insecte coiffé de deux cornes droites, en forme de bouteille à Champagne. Artisan inconscient d'une œuvre difficile, il visite une fleur voisine. Si ses cornes demeuraient rigides, elles iraient simplement frapper de leurs paquets de pollen les paquets de pollen dont les pieds trempent dans la vasque vigilante, et du pollen qui se mêlerait au pollen ne naîtrait aucun événement. Ici éclate le génie, l'expérience et la prévoyance de l'Orchidée. Elle a minutieusement calculé le temps nécessaire à l'insecte pour pomper le nectar et se rendre à la fleur prochaine et elle a constaté qu'il lui fallait en moyenne trente secondes. Nous avons vu que les paquets de pollen sont portés sur deux courtes tiges qui s'insèrent dans les boulettes visqueuses; or, aux points d'insertion se trouvent, sous chaque tige, un petit disque membraneux dont la seule fonction est, au bout de trente secondes, de contracter et de replier chacune de ces tiges, de manière qu'elles s'inclinent en décrivant un arc de 90°. C'est le résultat d'un nouveau calcul, non plus dans le temps, cette fois, mais dans l'espace. Les deux cornes de pollen qui coiffent le messager nuptial, sont maintenant horizontales et pointent en avant de sa tête, si bien que, quand il entrera dans la fleur voisine, elles iront exactement frapper les deux stigmates soudés que surplombe la demi-vasque.

Ce n'est pas tout, et le génie de l'Orchidée n'est pas encore au bout de sa prévoyance. Le stigmate qui reçoit le choc du paquet de pollen est enduit d'une substance visqueuse. Si cette substance était aussi énergiquement adhésive que celle que renferme la petite vasque, les masses polliniques, leur tige rompue, s'y englueraient et y demeureraient fixées tout entières, et leur destinée serait close. Il ne faut pas que cela arrive; il importe de ne pas épuiser en une seule aventure les chances du pollen, mais de les multiplier autant que possible. La fleur qui compte les secondes et mesure les lignes, est chimiste par surcroît et distille deux espèces de gommes: l'une extrêmement agrippante et durcissant immédiatement au contact de l'air, pour coller les cornes à pollen sur la tête de l'insecte, l'autre très diluée, pour le travail du stigmate. Celle-ci est juste assez prenante pour dénouer ou déranger un peu les fils ténus et élastiques qui enveloppent les grains de pollen. Quelques-uns de ces grains y adhèrent, mais la masse pollinique n'est pas détruite; et quand l'insecte visitera d'autres fleurs, elle continuera presque indéfiniment son œuvre fécondante.

Ai-je exposé tout le miracle? Non, il faudrait encore appeler l'attention sur maint détail négligé; entre autres sur le mouvement de la petite vasque qui, après que sa membrane s'est rompue pour démasquer les boulettes visqueuses, relève immédiatement son bord inférieur, afin de garder en bon état, dans le liquide gluant, le paquet de pollen que l'insecte n'aurait pas emporté. Il y aurait lieu de noter aussi la divergence très curieusement combinée des tiges polliniques sur la tête de l'insecte, ainsi que certaines précautions chimiques, communes à toutes les plantes, car de très récentes expériences de Gaston Bonnier semblent prouver que chaque fleur, afin de maintenir intacte son espèce, sécrète des toxines qui détruisent ou stérilisent tous les pollens étrangers. C'est, à peu près, tout ce que nous voyons; mais ici, comme en toutes choses, le véritable et grand miracle commence où s'arrête notre regard.

XVII

Je viens de trouver à l'instant, dans un coin inculte de l'olivaie, un superbe pied de Loroglosse à odeur de bouc (*Loroglossum hircinum*), variété que, je ne sais pour quelle cause (peut-être est-elle extrêmement rare en Angleterre), Darwin n'a pas étudiée. C'est assurément de toutes nos Orchidées indigènes, la plus remarquable, la plus fantastique, la plus stupéfiante. Si elle avait la taille des Orchidées américaines, on pourrait affirmer qu'il n'existe pas de plante plus chimérique. Figurez-vous un thyrse, dans le genre de celui de la Jacinthe, mais un peu plus haut. Il est symétriquement garni de fleurs hargneuses, à trois cornes, d'un blanc verdâtre pointillé de violet pâle. Le pétale inférieur orné à sa naissance de caroncules bronzées, de moustaches mérovingiennes, et de bubons lilas de mauvais augure, s'allonge interminablement, follement, invraisemblablement, en forme de ruban tire-bouchonné, de la couleur que prennent les noyés après un mois de séjour dans la rivière. De l'ensemble, qui évoque l'idée des pires maladies et paraît s'épanouir dans on ne sait quel pays de cauchemars ironiques et de maléfices, se dégage une affreuse et puissante odeur de bouc empoisonné qui se répand au loin et décèle la présence du monstre. Je signale et décris ainsi cette nauséabonde Orchidée, parce qu'elle est assez commune en France, qu'on la reconnaît aisément et qu'elle se prête fort bien, en raison de sa taille et de la netteté de ses organes, aux expériences que l'on voudrait faire. Il suffit en effet d'introduire dans la fleur, en la poussant soigneusement jusqu'au fond du nectaire, la pointe d'une allumette, pour voir se succéder, à l'œil nu, toutes les péripéties de la fécondation. Frôlée au passage, la pochette ou *rostellum* s'abaisse, découvrant le petit disque visqueux (le Loroglosse n'en a qu'un) qui supporte les deux tiges à pollen. Aussitôt ce disque agrippe violemment le bout de bois, les deux loges qui renferment les boulettes de pollen s'ouvrent longitudinalement, et quand on retire l'allumette, son extrémité est solidement coiffée de deux cornes divergentes et rigides que terminent des boules d'or. Malheureusement, on ne jouit pas ici, comme dans l'expérience avec l'*Orchis latifolia*, du joli spectacle qu'offre l'inclination graduelle et précise des deux cornes. Pourquoi ne s'abaissent-elles point? Il suffit de pousser l'allumette coiffée dans un nectaire voisin pour constater que ce mouvement serait inutile, la fleur étant beaucoup plus grande que celle de l'*Orchis maculata* ou *latifolia*, et le cornet à nectar disposé de telle sorte que, lorsque l'insecte chargé des masses polliniques y pénètre, ces masses arrivent exactement à la hauteur du stigmate qu'il s'agit d'imprégner.

Ajoutons qu'il importe, pour que l'expérience réussisse, de choisir une fleur bien mûre. Nous ignorons quand elle l'est; mais l'insecte et la fleur le savent, car celle-ci n'invite ses hôtes nécessaires, en leur offrant une goutte de nectar, qu'au moment où tout son appareil est prêt à fonctionner.

XVIII

Voilà le fond du système de fécondation adoptée par l'Orchidée de nos contrées. Mais chaque espèce, chaque famille en modifie, en perfectionne les détails selon son expérience, sa psychologie et ses convenances particulières. L'*Orchis* ou *Anacamptis pyramidalis*, par exemple, une des plus intelligentes, a ajouté à sa lèvre inférieure ou *labellum*, deux petites crêtes qui guident la trompe de l'insecte vers le nectaire et le forcent d'accomplir exactement tout ce qu'on attend d'elle. Darwin compare très justement cet ingénieux accessoire à l'instrument dont on se sert parfois pour guider un fil dans le trou d'une aiguille. Autre amélioration intéressante: les deux petites boules qui portent les tiges à pollen et trempent dans la demi-vasque sont remplacées par un seul disque visqueux, en forme de selle. Si l'on introduit dans la fleur, en suivant le chemin que doit suivre la trompe de l'insecte, une pointe d'aiguille ou une soie de porc, on constate très nettement les avantages de ce dispositif plus simple et plus pratique. Dès que la soie a effleuré la demi-vasque, celle-ci se rompt suivant une ligne symétrique, découvrant le disque en forme de selle qui s'attache instantanément à la soie. Retirez vivement cette soie, et vous aurez tout juste le temps de surprendre le joli mouvement de la selle qui, assise sur la soie ou l'aiguille, replie ses deux ailes inférieures de façon à enlacer étroitement l'objet qui la soutient. Ce mouvement a pour but d'affermir l'adhérence de la selle, et surtout d'assurer avec plus de précision que chez l'*Orchidée à larges feuilles*, la divergence indispensable des tiges à pollen. Aussitôt que la selle a embrassé la soie, et que les tiges à pollen qui y sont implantées, entraînées par sa contraction, divergent forcément, commence le second mouvement des tiges qui s'inclinent vers le bout de la soie, de la même manière que dans l'Orchidée que nous avons précédemment étudiée. Ces deux mouvements combinés s'effectuent en trente ou trente-quatre secondes.

XIX

N'est-ce pas exactement ainsi, par des riens, par des reprises, des retouches successives que progressent les inventions humaines? Nous avons tous suivi, dans la plus récente de nos industries mécaniques, les perfectionnements minimes mais incessants de l'allumage, de la carburation, du débrayage, du changement de vitesse. On dirait vraiment que les idées viennent aux fleurs de la même façon qu'elles nous viennent. Elles tâtonnent dans la même nuit, elles rencontrent les mêmes obstacles, la même mauvaise volonté, dans le même inconnu. Elles connaissent les mêmes lois, les mêmes déceptions, les mêmes triomphes lents et difficiles. Il semble qu'elles ont notre patience, notre persévérance, notre amour-propre; la même intelligence nuancée et diverse, presque le même espoir et le même idéal. Elles luttent comme nous, contre une grande force indifférente qui finit par les aider. Leur imagination inventive suit non seulement les mêmes méthodes prudentes et minutieuses, les mêmes petits sentiers fatigants, étroits et contournés, elle a aussi des bonds inattendus qui mettent tout à coup au point définitif, une trouvaille incertaine. C'est ainsi qu'une famille de grands inventeurs, parmi les Orchidées, une étrange et riche famille américaine, celle des Catasétidées, a, d'une pensée hardie, brusquement bouleversé un certain nombre d'habitudes qui lui semblaient sans doute trop primitives. D'abord, la séparation des sexes est absolue; chacun d'eux a sa fleur particulière. Ensuite, la pollinie ou, en d'autres termes, la masse ou le paquet de pollen, ne trempe plus sa tige dans une vasque pleine de gomme, y attendant, un peu inerte, et en tous cas privée d'initiative, le bon hasard qui doit la fixer sur la tête de l'insecte. Elle est repliée sur un puissant ressort, dans une sorte de loge. Rien n'attire spécialement l'insecte du côté de cette loge. Aussi bien les superbes Catasétidées n'ont-elles pas compté, comme les Orchidées vulgaires, sur tel ou tel mouvement du visiteur; mouvement dirigé et précis, si vous voulez, mais néanmoins aléatoire. Non, ce n'est plus seulement dans une fleur admirablement machinée, c'est dans une fleur animée et, au pied de la lettre, sensible, que pénètre l'insecte. A peine s'est-il posé sur le magnifique parvis de soie cuivrée, que de longues et nerveuses antennes qu'il doit forcément effleurer portent l'alarme dans tout l'édifice. Aussitôt se déchire la loge où est retenue captive, sur son pédicelle replié que soutient un gros disque visqueux, la masse de pollen, divisée en deux paquets. Brusquement dégagé, le pédicelle se détend comme un ressort, entraînant les deux paquets de pollen et le disque visqueux, qui sont violemment projetés au dehors. A la suite d'un curieux calcul balistique, le disque est toujours lancé en avant, et va frapper l'insecte auquel il adhère. Celui-ci, étourdi du choc, ne pense plus qu'à quitter au plus vite la corolle agressive et à se réfugier dans une fleur voisine. C'est tout ce que voulait l'Orchidée américaine.

XX

Signalerai-je aussi les simplifications curieuses et pratiques qu'apporte au système général une autre famille d'Orchidées exotiques, les Cypripédiées? Rappelons-nous toujours les circonvolutions des inventions humaines; nous en avons ici une contre-épreuve amusante. A l'atelier, un ajusteur, au laboratoire, un préparateur, un élève, dit un jour au patron: «Si nous essayions de faire tout le contraire?—Si nous renversions le mouvement?—Si nous intervertissions le mélange des liquides?»—On tente l'expérience; et de l'inattendu sort tout à coup de l'inconnu. On croirait volontiers que les Cypripédiées ont tenu entre elles des propos analogues. Nous connaissons tous le *Cypripedium* ou Sabot de Vénus; c'est, avec son énorme menton en galoche, son air hargneux et venimeux, la fleur la plus caractéristique de nos serres, celle qui nous semble l'Orchidée-type, pour ainsi dire. Le *Cypripedium* a bravement supprimé tout l'appareil compliqué et délicat des paquets de pollen à ressort, des tiges divergentes, des disques visqueux, des gommes savantes, etc. Son menton en sabot et une anthère stérile en forme de bouclier barrent l'entrée de manière à forcer l'insecte de passer sa trompe sur deux petits tas de pollen. Mais là n'est pas le point important; ce qui est tout à fait inattendu et anormal, c'est qu'au rebours de ce que nous avons constaté chez toutes les autres espèces, ce n'est plus le stigmate, l'organe femelle qui est visqueux; mais le pollen lui-même, dont les grains, au lieu d'être pulvérulents, sont revêtus d'un enduit si gluant qu'on peut l'étirer et l'allonger en fils. Quels sont les avantages et les inconvénients de cette disposition nouvelle?—Il est à craindre que le pollen transporté par l'insecte ne s'attache à tout autre objet que le stigmate; par contre, le stigmate est dispensé de sécréter le fluide destiné à stériliser tout pollen étranger. En tout cas, ce problème demanderait une étude particulière. Il y a ainsi des brevets dont on ne saisit pas immédiatement l'utilité.

XXI

Pour en finir avec cette étrange tribu des Orchidées, il nous reste à dire quelques mots d'un organe auxiliaire qui met en branle toute la mécanique: le nectaire. Il a d'ailleurs été, de la part du génie de l'espèce, l'objet de recherches, de tentatives, d'expériences aussi intelligentes, aussi variées que celles qui modifient sans cesse l'économie des organes essentiels.

Le nectaire, nous l'avons vu, est en principe, une sorte de long éperon, de long cornet pointu qui s'ouvre tout au fond de la fleur, à côté du pédoncule, et fait plus ou moins contrepoids à la corolle. Il contient un liquide sucré, le nectar, dont se nourrissent les papillons, les coléoptères et d'autres insectes, et que l'abeille transforme en miel.

Il est donc chargé d'attirer les hôtes indispensables. Il s'est conformé à leur taille, à leurs habitudes, à leurs goûts: il est toujours disposé de telle sorte qu'ils ne puissent y introduire et en retirer leur trompe qu'après avoir scrupuleusement et successivement accompli tous les rites prescrits par les lois organiques de la fleur.

Nous connaissons déjà suffisamment le caractère et l'imagination fantasques des Orchidées, pour prévoir qu'ici, comme ailleurs, et même plus qu'ailleurs, car l'organe plus souple s'y prêtait davantage, leur esprit inventif, pratique, observateur et tâtillon, se donne libre cours. L'une d'elles par exemple, le *Sarcanthus teretifolius*, ne parvenant probablement pas à élaborer, pour coller le paquet de pollen sur la tête de l'insecte, un liquide visqueux qui durcît assez vite, a tourné la difficulté, en s'appliquant à retarder autant que possible la trompe du visiteur dans les étroits passages qui mènent au nectar.

Le labyrinthe qu'elle a tracé est tellement compliqué, que Bauer, l'habile dessinateur de Darwin, dut s'avouer vaincu et renonça à le reproduire.

Il en est qui, partant de l'excellent principe, que toute simplification est perfectionnement, ont bravement supprimé le cornet à nectar. Elles l'ont remplacé par certaines excroissances charnues, bizarres et évidemment succulentes, que rongent les insectes. Est-il besoin d'ajouter que ces excroissances sont toujours disposées de telle sorte que l'hôte qui s'en régale doit nécessairement mettre en branle toute la mécanique à pollen?

XXII

Mais, sans nous attarder à mille petites ruses très variées, terminons ces contes de fées par l'étude des appâts du *Coryanthes macrantha*. En vérité, nous ne savons plus exactement à quelle sorte d'être nous avons affaire. La stupéfiante Orchidée a imaginé ceci: sa lèvre inférieure ou *labellum* forme une espèce de grand godet dans lequel des gouttes d'une eau presque pure, sécrétée par deux cornets situés au-dessus, tombent continuellement; quand ce godet est à demi plein, l'eau s'écoule d'un côté par une gouttière. Toute cette installation hydraulique est déjà fort remarquable; mais voici où commence le côté inquiétant, je dirai presque diabolique de la combinaison. Le liquide que sécrètent les cornets et qui s'accumule dans la vasque de satin, n'est pas du nectar, et n'est nullement destiné à attirer les insectes; il a une mission bien plus délicate, dans le plan réellement machiavélique de l'étrange fleur. Les insectes naïfs sont invités par les parfums sucrés que répandent les excroissances charnues dont nous avons parlé plus haut, à prendre place dans le piège. Ces excroissances se trouvent au-dessus du godet, en une sorte de chambre où donnent accès deux ouvertures latérales. La grosse abeille visiteuse,—la fleur étant énorme ne séduit guère que les plus lourds hyménoptères, comme si les autres éprouvaient quelque honte à pénétrer en d'aussi vastes et somptueux salons,— la grosse abeille se met à ronger les savoureuses caroncules. Si elle était seule, son repas terminé, elle s'en irait tranquillement, sans même effleurer le godet plein d'eau, le stigmate et le pollen: et rien n'arriverait de ce qui est requis. Mais la sage Orchidée a observé la vie qui s'agite autour d'elle. Elle sait que les abeilles forment un peuple innombrable, avide et affairé, qu'elles sortent par milliers aux heures ensoleillées, qu'il suffit qu'un parfum vibre comme un baiser au seuil d'une fleur qui s'ouvre, pour qu'elles accourent en foule au festin préparé sous la tente nuptiale. Voici donc deux ou trois butineuses dans la chambre sucrée; le lieu est exigu, les parois sont glissantes, les invitées brutales. Elles se pressent, se bousculent, si bien que l'une d'elles finit toujours par choir dans le godet qui l'attend sous le repas perfide. Elle y trouve un bain inattendu; y mouille consciencieusement ses belles ailes diaphanes, et malgré d'immenses efforts, ne parvient plus à reprendre son vol. C'est bien là que la guette la fleur astucieuse. Il n'existe, pour sortir du godet magique, qu'une seule ouverture, la gouttière qui déverse au dehors le trop-plein du réservoir. Elle est tout juste assez large pour livrer passage à l'insecte dont le dos touche d'abord la surface gluante du stigmate, puis les glandes visqueuses des masses de pollen qui l'attendent le long de la voûte. Il s'échappe ainsi, chargé de la poudre adhésive, entre dans une fleur voisine, où recommence le drame du repas, de la bousculade, de la chute, de la baignade et de l'évasion, qui met forcément en contact avec l'avide stigmate le pollen importé.

Voilà donc une fleur qui connaît et exploite les passions des insectes. On ne saurait prétendre que tout ceci n'est qu'interprétations plus ou moins romanesques; non, les faits sont d'observation précise et scientifique, et il est impossible d'expliquer d'autre façon l'utilité et la disposition des divers organes de la fleur. Il faut accepter l'évidence. Cette ruse incroyable et efficace est d'autant plus surprenante, qu'elle ne tend pas à satisfaire ici le besoin de manger, immédiat et urgent, qui aiguise les plus obtuses intelligences: elle n'a en vue qu'un idéal lointain: la propagation de l'espèce.

Mais pourquoi, dira-t-on, ces complications fantastiques qui n'aboutissent qu'à grandir les dangers du hasard? Ne nous hâtons pas de juger et de répondre. Nous ignorons tout des raisons de la plante. Savons-nous les obstacles qu'elle rencontre du côté de la logique et de la simplicité? Connaissons-nous, au fond, une seule des lois organiques de son existence et de sa croissance? Quelqu'un qui nous verrait du haut de Mars ou de Vénus nous évertuer à la conquête de l'air, se demanderait de même: pourquoi ces appareils informes et monstrueux, ces ballons, ces aéroplanes, ces parachutes, quand il serait si simple d'imiter les oiseaux et de munir les bras d'une paire d'ailes suffisantes?

XXIII

A ces preuves d'intelligence, la vanité un peu puérile de l'homme oppose l'objection traditionnelle: oui, elles créent des merveilles, mais ces merveilles demeurent éternellement les mêmes. Chaque espèce, chaque variété a son système, et, de générations en générations, n'y apporte nulle amélioration sensible. Il est certain que depuis que nous les observons, c'est-à-dire depuis une cinquantaine d'années, nous n'avons pas vu le *Coryanthes macrantha* ou les *Catasétidées* perfectionner leur piège; c'est tout ce que nous pouvons affirmer, et c'est vraiment insuffisant. Avons-nous seulement tenté les expériences les plus élémentaires, et savons-nous ce que feraient au bout d'un siècle les générations successives de notre étonnante Orchidée baigneuse placées dans un milieu différent, parmi des insectes insolites? Du reste, les noms que nous donnons aux genres, espèces et variétés finissent par nous tromper nous-mêmes, et nous créons ainsi d'imaginaires types que nous croyons fixés, alors qu'ils ne sont probablement que les représentants d'une même fleur qui continue de modifier lentement ses organes selon de lentes circonstances.

Les fleurs précédèrent les insectes sur notre terre; elles durent donc, quand ceux-ci apparurent, adapter aux mœurs de ces collaborateurs imprévus toute une machinerie nouvelle. Ce fait seul, géologiquement incontestable, parmi tout ce que nous ignorons, suffit à établir l'évolution, et ce mot un peu vague ne signifie-t-il pas, en dernière analyse, adaptation, modification, progrès intelligent?

Du reste, pour ne pas recourir à cet événement préhistorique, il serait facile de grouper un grand nombre de faits qui démontreraient que la faculté d'adaptation et de progrès intelligents n'est pas exclusivement réservée à l'espèce humaine. Sans revenir sur les chapitres détaillés que j'ai consacrés à ce sujet dans *La Vie des Abeilles*, je rappellerai simplement deux ou trois détails topiques qui s'y trouvent cités. Les abeilles, par exemple, ont inventé la ruche. A l'état sauvage et primitif et dans leur pays d'origine, elles travaillent à l'air libre. C'est l'incertitude, l'inclémence de nos saisons septentrionales qui leur donna l'idée de chercher un abri dans le creux des rochers ou des arbres. Cette idée de génie rendit au butinage et aux soins du «couvain» les milliers d'ouvrières autrefois immobilisées autour des rayons afin d'y maintenir la chaleur nécessaire. Il n'est pas rare, surtout dans le Midi, que durant les étés exceptionnellement doux, elles retournent à ces mœurs tropicales de leurs ancêtres[E].

Autre fait: transportée en Australie ou en Californie, notre abeille noire change complètement ses habitudes. Dès la seconde ou la troisième année, ayant constaté que l'été est perpétuel, que les fleurs ne font jamais défaut, elle vit au jour le jour, se contente de récolter le miel et le pollen indispensables à la consommation quotidienne, et son observation récente et raisonnée l'emportant sur l'expérience héréditaire, elle ne fait plus de provisions. Dans le même ordre d'idées, Büchner mentionne un trait qui prouve également l'adaptation aux circonstances, non pas lente, séculaire, inconsciente et fatale, mais immédiate et intelligente: à la Barbade, au milieu des raffineries où pendant toute l'année elles trouvent le sucre en abondance, elles cessent complètement de visiter les fleurs.

Rappelons enfin l'amusant démenti qu'elles donnèrent à deux savants entomologistes anglais: Kirby et Spence. «Montrez-nous, disaient-ils, un seul cas où, pressées par les circonstances, elles aient eu l'idée de substituer l'argile ou le mortier à la cire et à la propolis, et nous conviendrons qu'elles sont capables de raisonner.»

A peine avaient-ils exprimé ce désir assez arbitraire, qu'un autre naturaliste, André Knight, ayant enduit d'une espèce de ciment fait de cire et de térébenthine l'écorce de certains arbres, observa que ses abeilles renonçaient entièrement à récolter la propolis et n'usaient plus que de cette substance nouvelle et inconnue qu'elles trouvaient toute préparée et en abondance aux environs de leur logis. Au surplus, dans la pratique apicole, quand il y a disette de pollen, il suffit de mettre à leur disposition quelques pincées de farine, pour qu'elles comprennent immédiatement que celle-ci peut leur rendre les mêmes services et être employée aux mêmes usages que la poussière des anthères, bien que la saveur, l'odeur et la couleur soient absolument différentes.

Ce que je viens de rappeler au sujet des abeilles, pourrait, je pense, *mutatis mutandis*, se vérifier dans le royaume des fleurs. Il suffirait probablement que l'admirable effort évolutif des nombreuses variétés de la Sauge, par exemple, fût soumis à quelques expériences et étudié plus méthodiquement que n'est capable de le faire le profane que je suis. En attendant, parmi bien d'autres indices qu'il serait facile de réunir, une curieuse étude de Babinet sur les céréales nous apprend que certaines plantes, transportées loin de leur climat habituel, observent les circonstances nouvelles et en tirent parti, exactement comme font les abeilles. Ainsi, dans les régions les plus chaudes de l'Asie, de l'Afrique et de l'Amérique, où l'hiver ne le tue pas annuellement, notre blé redevient ce qu'il devait être à l'origine; une plante vivace comme le gazon. Il y demeure toujours vert, s'y multiplie par la racine et n'y porte plus d'épis ni de graines. Quand, de sa patrie tropicale et primitive, il est venu s'acclimater dans nos contrées glacées, il lui a donc fallu bouleverser ses habitudes et inventer un nouveau mode de multiplication. Comme le dit excellemment Babinet, «l'organisme de la plante, par un inconcevable miracle, a semblé pressentir la nécessité de passer par l'état de graine, pour ne pas périr complètement pendant la saison rigoureuse».

XXIV

En tous cas, pour détruire l'objection dont nous parlions plus haut et qui nous a fait faire ce long détour, il suffirait que l'acte de progrès intelligent fût constaté, ne serait-ce qu'une seule fois hors de l'humanité. Mais à part le plaisir qu'on éprouve à réfuter un argument trop vaniteux et périmé, que cette question de l'intelligence personnelle des fleurs, des insectes ou des oiseaux a donc, au fond, peu d'importance! Que l'on dise, à propos de l'Orchidée comme de l'abeille, que c'est la Nature et non point la plante ou la mouche qui calcule, combine, orne, invente et raisonne, quel intérêt cette distinction peut-elle avoir pour nous? Une question bien plus haute et plus digne de notre attention passionnée domine ces détails. Il s'agit de saisir le caractère, la qualité, les habitudes et peut-être le but de l'intelligence générale d'où émanent tous les actes intelligents qui s'accomplissent sur cette terre. C'est à ce point de vue que l'étude des êtres,—les fourmis et les abeilles entre autres,—où se manifestent le plus nettement, hors de la forme humaine, les procédés et l'idéal de ce génie, est une des plus curieuses que l'on puisse entreprendre. Il semble, après tout ce que nous venons de constater, que ces tendances, ces méthodes intellectuelles soient au moins aussi complexes, aussi avancées, aussi saisissantes chez les Orchidées que chez les Hyménoptères sociaux. Ajoutons qu'un grand nombre de mobiles, qu'une partie de la logique de ces insectes agités et d'observation difficile, nous échappent encore, au lieu que nous saisissons sans peine tous les motifs silencieux, tous les raisonnements stables et sages de la paisible fleur.

XXV

Or qu'observons-nous, en surprenant à l'œuvre la Nature, l'Intelligence générale, ou le Génie universel (le nom n'importe guère) dans le monde des fleurs? Bien des choses, et, pour n'en parler qu'en passant, car le sujet prêterait à une longue étude, nous constatons tout d'abord que son idée de beauté, d'allégresse, que ses moyens de séduction, ses goûts esthétiques, sont très proches des nôtres. Mais sans doute serait-il plus exact d'affirmer que les nôtres sont conformes aux siens. Il est en effet bien incertain que nous ayons inventé une beauté qui nous soit propre. Tous nos motifs architecturaux, musicaux, toutes nos harmonies de couleur et de lumière, etc., sont directement empruntés à la Nature. Sans évoquer la mer, la montagne, les ciels, la nuit, les crépuscules, que ne pourrait-on dire, par exemple, sur la beauté des arbres? Je parle non seulement de l'arbre considéré dans la forêt, qui est une des puissances de la terre, peut-être la principale source de nos instincts, de notre sentiment de l'univers, mais de l'arbre en soi, de l'arbre solitaire, dont la verte vieillesse est chargée d'un millier de saisons. Parmi ces impressions qui, sans que nous le sachions, forment le creux limpide et peut-être le tréfonds de bonheur et de calme de toute notre existence, qui de nous ne garde la mémoire de quelques beaux arbres? Quand on a dépassé le milieu de la vie, quand on arrive au bout de la période émerveillée, qu'on a épuisé à peu près tous les spectacles que peuvent offrir l'art, le génie et le luxe des siècles et des hommes, après avoir éprouvé et comparé bien des choses, on en revient à de très simples souvenirs. Ils dressent à l'horizon purifié, deux ou trois images innocentes, invariables et fraîches, qu'on voudrait emporter dans le dernier sommeil, s'il est vrai qu'une image puisse passer le seuil qui sépare nos deux mondes. Pour moi, je n'imagine pas de paradis, ni de vie d'outre-tombe si splendide qu'elle devienne, où ne serait point à sa place tel magnifique Hêtre de la Sainte-Baume, tel Cyprès ou tel Pin-parasol de Florence ou d'un humble ermitage voisin de ma maison, qui donnent au passant le modèle de tous les grands mouvements de résistance nécessaire, de courage paisible, d'élan, de gravité, de victoire silencieuse et de persévérance.

XXVI

Mais je m'éloigne trop; j'entendais simplement remarquer, à propos de la fleur, que la Nature, lorsqu'elle veut être belle, plaire, réjouir et se montrer heureuse, fait à peu près ce que nous ferions si nous disposions de ses trésors. Je sais qu'en parlant ainsi, je parle un peu comme cet évêque qui admirait que la Providence fît toujours passer les grands fleuves à proximité des grandes villes; mais il est difficile d'envisager ces choses d'un autre point de vue que l'humain. Or donc, de ce point de vue, considérons que nous connaîtrions bien peu de signes, bien peu d'expressions de bonheur si nous ne connaissions pas la fleur. Pour bien juger de sa puissance d'allégresse et de beauté, il faut habiter un pays où elle règne sans partage, comme le coin de Provence, entre la Siagne et le Loup, où j'écris ces lignes. Ici, vraiment elle est l'unique souveraine des vallées et des collines. Les paysans y ont perdu l'habitude de cultiver le blé, comme s'ils n'avaient plus qu'à pourvoir aux besoins d'une humanité plus subtile qui se nourrirait d'odeurs suaves et d'ambroisie. Les champs ne forment qu'un bouquet qui se renouvelle sans cesse, et les parfums qui se succèdent semblent danser la ronde tout autour de l'année azurée. Les Anémones, les Giroflées, les Mimosas, les Violettes, les Œillets, les Narcisses, les Jacinthes, les Jonquilles, les Résédas, les Jasmins, les Tubéreuses envahissent les jours et les nuits, les mois d'hiver, d'été, de printemps et d'automne. Mais l'heure magnifique appartient aux Roses de Mai. Alors, à perte de vue, du penchant des coteaux aux creux des plaines, entre des digues de vignes et d'oliviers, elles coulent de toutes parts comme un fleuve de pétales d'où émergent les maisons et les arbres, un fleuve de la couleur que nous donnons à la jeunesse, à la santé et à la joie. L'arome à la fois chaud et frais, mais surtout spacieux qui entr'ouvre le ciel, émane, croirait-on, directement des sources de la béatitude. Les routes, les sentiers sont taillés dans la pulpe de la fleur, dans la substance même des Paradis. Il semble que, pour la première fois de sa vie, on ait une vision satisfaisante du bonheur.

XXVII

Toujours de notre point de vue humain, et pour persévérer dans l'illusion nécessaire, à la première remarque ajoutons-en une autre un peu plus étendue, un peu moins hasardeuse, et peut-être lourde de conséquences: à savoir que le Génie de la Terre, qui est probablement celui du monde entier, agit, dans la lutte vitale, exactement comme agirait un homme. Il use des mêmes méthodes, de la même logique. Il atteint au but par les moyens que nous emploierions, il tâtonne, il hésite, il s'y reprend à plusieurs fois, il ajoute, il élimine, il reconnaît et redresse ses erreurs comme nous le ferions à sa place. Il s'évertue, il invente péniblement et petit à petit, à la façon des ouvriers et des ingénieurs de nos ateliers. Il lutte, ainsi que nous, contre la masse pesante, énorme et obscure de son être. Il ne sait pas plus que nous où il va; il se cherche, se découvre peu à peu. Il a un idéal souvent confus, mais où l'on distingue néanmoins une foule de grandes lignes qui s'élèvent vers une vie plus ardente, plus complexe, plus nerveuse, plus spirituelle. Matériellement, il dispose de ressources infinies, il connaît le secret de prodigieuses forces que nous ignorons; mais intellectuellement, il paraît strictement occuper notre sphère, nous ne constatons pas, jusqu'ici, qu'il outrepasse ses limites; et s'il ne va rien puiser par delà, n'est-ce pas à dire qu'il n'y a rien hors de cette sphère? N'est-ce pas à dire que les méthodes de l'esprit humain sont les seules possibles, que l'homme ne s'est pas trompé, qu'il n'est ni une exception ni un monstre, mais l'être par qui passent, en qui se manifestent le plus intensément les grandes volontés, les grands désirs de l'Univers?

XXVIII

Les points de repère de notre connaissance émergent lentement, parcimonieusement. Peut-être l'image fameuse de Platon, la caverne aux murs de laquelle se reflètent des ombres inexpliquées, n'est-elle plus suffisante; mais, si l'on voulait lui substituer une image nouvelle et plus exacte, elle ne serait guère plus consolante. Imaginez cette caverne agrandie. Jamais n'y pénétrerait un rayon de clarté. Excepté la lumière et le feu, on l'aurait soigneusement pourvue de tout ce que comporte notre civilisation; et des hommes s'y trouveraient prisonniers depuis leur naissance. Ils ne regretteraient point la lumière, ne l'ayant jamais vue; ils ne seraient pas aveugles, leurs yeux ne seraient pas morts, mais n'ayant rien à regarder, deviendraient probablement l'organe le plus sensible du toucher.

Afin de nous reconnaître en leurs gestes, représentons-nous ces malheureux dans leurs ténèbres, au milieu de la multitude d'objets inconnus qui les entourent. Que de bizarres méprises, de déviations incroyables, d'interprétations imprévues! Mais qu'il paraîtrait touchant et souvent ingénieux le parti qu'ils auraient tiré de choses qui n'avaient pas été créées pour la nuit!... Combien de fois auraient-ils rencontré juste, et quelle ne serait pas leur stupéfaction, si tout à coup, à la clarté du jour, ils découvraient la nature et la destination véritables d'outils et d'appareils qu'ils auraient de leur mieux appropriés aux incertitudes de l'ombre?...

Pourtant, au regard de la nôtre, leur situation semble simple et facile. Le mystère où ils rampent est borné. Ils ne sont privés que d'un sens, au lieu qu'il est impossible d'estimer le nombre de ceux qui nous manquent. La cause de leurs erreurs est unique et l'on ne peut compter celles des nôtres.

Puisque nous vivons dans une caverne de ce genre, n'est-il pas intéressant de constater que la puissance qui nous y a mis, agit souvent et sur quelques points importants, comme nous agissons nous-mêmes? Ce sont des lueurs dans notre souterrain qui nous montrent que nous ne nous sommes pas trompés sur l'usage de tous les objets qui s'y trouvent; et quelques-unes de ces lueurs nous y sont apportées par les insectes et les fleurs.

XXIX

Nous avons mis longtemps un assez sot orgueil à nous croire des êtres miraculeux, uniques et merveilleusement fortuits, probablement tombés d'un autre monde, sans attaches certaines avec le reste de la vie, et, en tout cas, doués d'une faculté insolite, incomparable, monstrueuse. Il est bien préférable de n'être point si prodigieux, car nous avons appris que les prodiges ne tardent pas à disparaître dans l'évolution normale de la nature. Il est bien plus consolant d'observer que nous suivons la même route que l'âme de ce grand monde, que nous avons mêmes idées, mêmes espérances, mêmes épreuves et presque,—n'était notre rêve spécifique de justice et de pitié,— mêmes sentiments. Il est bien plus tranquillisant de s'assurer que nous employons, pour améliorer notre sort, pour utiliser les forces, les occasions, les lois de la matière, des moyens exactement pareils à ceux dont elle use pour éclairer et ordonner ses régions insoumises et inconscientes; qu'il n'y en pas d'autres, que nous sommes dans la vérité, que nous sommes bien à notre place et chez nous dans cet univers pétri de substances inconnues, mais dont la pensée est non pas impénétrable et hostile, mais analogue ou conforme à la nôtre.

Si la nature savait tout, si elle ne se trompait jamais, si partout, en toutes ses entreprises, elle se montrait d'emblée parfaite et infaillible, si elle révélait en toutes choses une intelligence incommensurablement supérieure à la nôtre, c'est alors qu'il y aurait lieu de craindre et de perdre courage. Nous nous sentirions la victime et la proie d'une puissance étrangère, que nous n'aurions aucun espoir de connaître ou de mesurer. Il est bien préférable de se convaincre que cette puissance, tout au moins au point de vue intellectuel, est étroitement parente de la nôtre. Notre esprit puise aux mêmes réservoirs que le sien. Nous sommes du même monde, presque entre égaux. Nous ne frayons plus avec des dieux inaccessibles, mais avec des volontés voilées et fraternelles, qu'il s'agit de surprendre et de diriger.

XXX

Il ne serait pas, j'imagine, très téméraire de soutenir qu'il n'y a pas d'êtres plus ou moins intelligents, mais une intelligence éparse, générale, une sorte de fluide universel qui pénètre diversement, selon qu'ils sont bons ou mauvais conducteurs de l'esprit, les organismes qu'il rencontre. L'homme serait, jusqu'ici, sur cette terre, le mode de vie qui offrirait la moindre résistance à ce fluide que les religions appelèrent divin. Nos nerfs seraient les fils où se répandrait cette électricité plus subtile. Les circonvolutions de notre cerveau formeraient en quelque sorte le bobine d'induction où se multiplierait la force du courant, mais ce courant ne serait pas d'une autre nature, ne proviendrait pas d'une autre source que celui qui passe dans la pierre, dans l'astre, dans la fleur ou l'animal.

Mais voilà des mystères qu'il assez oiseux d'interroger; attendu que nous ne possédons pas encore l'organe qui puisse recueillir leur réponse. Contentons-nous d'avoir observé, hors de nous, certaines manifestations de cette intelligence. Tout ce que nous observons en nous-mêmes est à bon droit suspect; nous sommes à la fois juge et partie, et nous avons trop d'intérêt à peupler notre monde d'illusions et d'espérances magnifiques. Mais que le moindre indice extérieur nous soit cher et précieux. Ceux que les fleurs viennent de nous offrir sont probablement bien minimes, au regard de ce que nous diraient les montagnes, la mer et les étoiles, si nous surprenions les secrets de leur vie. Ils nous permettent néanmoins de présumer avec plus d'assurance que l'esprit qui anime toutes choses ou se dégage d'elles est de la même essence que celui qui anime notre corps. S'il nous ressemble, si nous lui ressemblons ainsi, si tout ce qui se trouve en lui, se retrouve en nous-mêmes, s'il emploie nos méthodes, s'il a nos habitudes, nos préoccupations, nos tendances, nos désirs vers le mieux, est-il illogique d'espérer tout ce que nous espérons instinctivement, invinciblement, puisqu'il est presque certain qu'il l'espère aussi? Est-il vraisemblable, quand nous trouvons éparse dans la vie une telle somme d'intelligence, que cette vie ne fasse pas œuvre d'intelligence, c'est-à-dire ne poursuive une fin de bonheur, de perfection, de victoire sur ce que nous appelons le mal, la mort, les ténèbres, le néant, qui n'est probablement que l'ombre de sa face ou son propre sommeil?

LES PARFUMS

Après avoir assez longuement parlé de l'intelligence des fleurs, il semblera naturel que nous disions un mot de leur âme qui est leur parfum. Malheureusement ici, de même que pour l'âme de l'homme, parfum d'une autre sphère où baigne la raison, nous touchons tout de suite à l'inconnaissable. Nous ignorons à peu près entièrement l'intention de cette zone d'air férié et invisiblement magnifique que les corolles répandent autour d'elles. Il est en effet fort douteux qu'elle serve principalement à attirer les insectes. D'abord, beaucoup de fleurs, parmi les plus odorantes, n'admettent pas la fécondation croisée, de sorte que la visite de l'abeille ou du papillon leur est indifférente ou importune. Ensuite, ce qui appelle les insectes, c'est uniquement le pollen et le nectar, qui généralement, n'ont pas d'odeur sensible. Aussi les voyons-nous négliger les fleurs les plus délicieusement parfumées, telles que la Rose et l'Œillet, pour assiéger en foule celles de l'Érable ou du Coudrier, dont l'arome est pour ainsi dire nul.

Avouons donc que nous ne savons pas encore en quoi les parfums sont utiles à la fleur, de même que nous ignorons pourquoi nous les percevons. L'odorat est effectivement le plus inexpliqué de nos sens. Il est évident que la vue, l'ouïe, le toucher et le goût sont indispensables à notre vie animale. Seule, une longue éducation nous apprend à jouir avec désintéressement des formes, des couleurs et des sons. Du reste, notre odorat exerce aussi d'importantes fonctions serviles. Il est le gardien de l'air que nous respirons, il est l'hygiéniste et le chimiste qui veille soigneusement sur la qualité des aliments offerts, toute émanation désagréable décelant la présence de germes suspects ou dangereux. Mais, à côté de cette mission pratique, il en a une autre qui ne répond apparemment à rien. Les parfums sont en tout point inutiles à notre vie physique. Trop violents, trop permanents, ils peuvent même lui devenir hostiles. Néanmoins, nous possédons une faculté qui s'en réjouit et nous en apporte la bonne nouvelle avec autant d'enthousiasme et de conviction que s'il s'agissait de la découverte d'un fruit ou d'un breuvage délicieux. Cette inutilité mérite notre attention. Elle doit cacher un beau secret. Voici la seule occurrence où la nature nous procure un plaisir gratuit, une satisfaction qui n'orne pas un piège de la nécessité. L'odorat est l'unique sens de luxe qu'elle nous ait octroyé. Aussi bien semble-t-il presque étranger à notre corps, ne pas tenir fort étroitement à notre organisme. Est-ce un appareil qui se développe ou s'atrophie, une faculté qui s'endort ou s'éveille? Tout porte à croire qu'il évolue de pair avec notre civilisation. Les anciens ne s'occupaient guère que des bonnes odeurs les plus brutales, les plus lourdes, les plus solides, pour ainsi dire, musc, benjoin, myrrhe, encens, etc., et l'arome des fleurs est bien rarement mentionné dans les poèmes grecs et latins et dans la littérature hébraïque. Aujourd'hui, voyons-nous nos paysans, même dans leurs plus longs loisirs, songer à respirer une Violette ou une Rose? N'est-ce pas, au contraire, le premier geste de l'habitant des grandes villes qui découvre une fleur? Il y a donc quelque sujet d'admettre que l'odorat soit le dernier né de nos sens, le seul peut-être, qui ne soit pas «en voie de régression», comme disent pesamment les biologistes. C'est une raison pour nous y attacher, l'interroger et cultiver ses possibilités. Qui dira les surprises qu'il nous réserverait s'il égalait, par exemple, la perfection de l'œil, comme il fait chez le chien qui vit autant par le nez que par les yeux?

Il y a là un monde inexploré. Ce sens mystérieux qui, au premier abord, paraît presque étranger à notre organisme, à le mieux considérer est peut-être celui qui le pénètre le plus intimement. Ne sommes-nous pas, avant tout, des êtres aériens? L'air ne nous est-il pas l'élément le plus absolument et le plus promptement indispensable, et l'odorat n'est-il pas justement l'unique sens qui en perçoive quelques parties? Les parfums qui sont les joyaux de cet air qui nous fait vivre, ne l'ornent pas sans raison. Il ne serait pas surprenant que ce luxe incompris répondît à quelque chose de très profond et de très essentiel, et plutôt, comme nous venons de le voir, à quelque chose qui n'est pas encore, qu'à quelque chose qui n'est plus. Il est fort possible que ce sens, le seul qui soit tourné vers l'avenir, saisisse déjà les manifestations les plus frappantes d'une forme ou d'un état heureux et salutaire de la matière qui nous réserve bien des surprises.

En attendant, il en est encore aux perceptions les plus violentes, les moins subtiles. C'est à peine s'il soupçonne, en s'aidant de l'imagination, les profonds et harmonieux effluves qui enveloppent évidemment les grands spectacles de l'atmosphère et de la lumière. Comme nous sommes sur le point de saisir ceux de la pluie ou du crépuscule, pourquoi n'arriverions-nous pas à démêler et à fixer le parfum de la neige, de la glace, de la rosée du matin, des prémices de l'aube, du scintillement des étoiles? Tout doit avoir son parfum, encore inconcevable, dans l'espace, même un rayon de lune, un murmure de l'eau, un nuage qui plane, un sourire de l'azur...

Le hasard, ou plutôt le choix de la vie, m'a ramené ces temps-ci aux lieux où naissent et s'élaborent presque tous les parfums de l'Europe. En effet, comme chacun sait, c'est sur la bande de terre lumineuse qui s'étend de Cannes à Nice, que les dernières collines et les dernières vallées de fleurs vivantes et sincères soutiennent une héroïque lutte contre les grossières odeurs chimiques d'Allemagne, lesquelles sont exactement aux parfums naturels ce que sont aux futaies et aux plaines de la vraie campagne, les futaies et les plaines peintes d'une salle de spectacle.

Le travail du paysan y est réglé sur une sorte de calendrier uniquement floral, où dominent, en mai et en juillet, deux adorables reines: la Rose et le

Jasmin. Autour de ces deux souveraines de l'année, l'une couleur d'aurore, l'autre vêtue d'étoiles blanches, défilent, de janvier à décembre, les innombrables et promptes Violettes, les tumultueuses Jonquilles, les Narcisses naïfs, à l'œil émerveillé, les Mimosas énormes, le Réséda, l'Œillet chargé de précieuses épices, le Géranium impérieux, la fleur d'Oranger tyranniquement virginale, la Lavande, le Genêt d'Espagne, la trop puissante Tubéreuse et la Cassie qui est une espèce d'Acacia et porte une fleur pareille à une chenille orangée.

Il est d'abord assez déconcertant de voir les grands rustres épais et balourds, que la dure nécessité détourne partout ailleurs des sourires de la vie, prendre ainsi les fleurs au sérieux, manier soigneusement ces fragiles ornements de la terre, accomplir une besogne d'abeille ou de princesse et ployer sous le faix des Violettes ou des Jonquilles. Mais l'impression la plus frappante est celle de certains soirs ou de certains matins de la saison des Roses ou du Jasmin. On croirait que l'atmosphère de la terre vient de subitement changer, qu'elle a fait place à celle d'une planète infiniment heureuse, où le parfum n'est plus, comme ici-bas, fugitif, imprécis et précaire, mais stable, vaste, plein, permanent, généreux, normal, inaliénable.

On a plus d'une fois tracé—du moins je l'imagine—en parlant de Grasse et de ses alentours, le tableau de cette industrie presque féerique qui occupe toute une ville laborieuse, posée au flanc d'une montagne, comme une ruche ensoleillée. On doit avoir dit les magnifiques charretées de Roses roses déversées au seuil des fumantes usines, les vastes salles où les trieuses nagent littéralement dans le flot des pétales, l'arrivée moins encombrante mais plus précieuse des Violettes, des Tubéreuses, de la Cassie, du Jasmin, en de larges corbeilles que les paysannes portent noblement sur la tête. On doit avoir décrit les procédés divers par lesquels on arrache aux fleurs, selon leur caractère, pour les fixer dans le cristal, les secrets merveilleux de leur cœur. On sait que les unes, les Roses par exemple, sont pleines de complaisances et de bonne volonté et livrent leur arôme avec simplicité. On les entasse en d'énormes chaudières, aussi hautes que celles de nos locomotives, où passe de la vapeur d'eau. Peu à peu leur huile essentielle, plus coûteuse qu'une gelée de perles, suinte goutte à goutte en un tube de verre étroit comme une plume d'oie, au bas de l'alambic pareil à quelque monstre qui donnerait péniblement naissance à une larme d'ambre.

Mais la plupart des fleurs laissent moins facilement emprisonner leur âme. Je ne parlerai pas ici de toutes les tortures infiniment variées qu'on leur inflige pour les forcer d'abandonner enfin le trésor qu'elles cachent désespérément au fond de leur corolle. Il suffira, pour donner une idée de la ruse du bourreau et de l'obstination de certaines victimes, de rappeler le supplice de l'enfleurage à froid que subissent, avant de rompre le silence, la Jonquille, le Réséda, la Tubéreuse et le Jasmin.—Remarquons en passant que le parfum du Jasmin est le seul qui soit inimitable, le seul qu'on ne puisse obtenir par le savant mélange d'autres odeurs.

On étale donc un lit de graisse épais de deux doigts sur de grandes plaques de verre, et le tout est abondamment recouvert de fleurs. A la suite de quelles papelardes manœuvres, de quelles onctueuses promesses, la graisse obtient-elle d'irrévocables confidences? Toujours est-il que bientôt les pauvres fleurs trop confiantes n'ont plus rien à perdre. Chaque matin on les enlève, on les jette aux débris, et une nouvelle jonchée d'ingénues les remplace sur la couche insidieuse. Elles cèdent à leur tour, souffrent le même sort, d'autres et d'autres les suivent. Ce n'est qu'au bout de trois mois, c'est-à-dire après avoir dévoré quatre-vingt-dix générations de fleurs, que la graisse avide et captieuse, saturée d'abandons et d'aveux embaumés, refuse de dépouiller de nouvelles victimes.

La Violette, elle, résiste aux instances de la graisse froide; il faut qu'on y joigne le supplice du feu. On chauffe donc le saindoux au bain-marie. A la suite de ce barbare traitement, l'humble et suave fleur des routes printanières perd peu à peu la force qui gardait son secret. Elle se rend, elle se donne; et son bourreau liquide, avant d'être repu, absorbe quatre fois son poids de pétales, ce qui fait que l'ignoble torture se prolonge durant toute la saison où les Violettes s'épanouissent sous les Oliviers.

Mais le drame n'est pas terminé. Il s'agit maintenant, qu'elle soit chaude ou froide, de faire rendre gorge à cette graisse avare qui entend retenir, de toutes ses énergies informes et évasives, le trésor absorbé. On y réussit non sans peine. Elle a des passions basses qui la perdent. On l'abreuve d'alcool, on l'enivre, elle finit par lâcher prise. A présent c'est l'alcool qui possède le mystère. A peine le détient-il qu'il prétend, lui aussi, n'en faire part à personne, le garder pour soi seul. On l'attaque à son tour, on le réduit, on l'évapore, on le condense; et la perle liquide, après tant d'aventures, pure, essentielle, inépuisable et presque impérissable, est enfin recueillie dans une ampoule de cristal.

Je n'énumérerai pas les procédés chimiques d'extraction: aux éthers de pétrole, au sulfure de carbone, etc. Les grands parfumeurs de Grasse, fidèles aux traditions, répugnent à ces méthodes artificielles et presque déloyales, qui ne donnent que d'acres arômes et froissent l'âme de la fleur.

LA MESURE DES HEURES

L'été est la saison du bonheur. Quand reviennent parmi les arbres, dans la montagne ou sur les plages, les belles heures de l'année; celles qu'on attend et qu'on espère du fond de l'hiver, celles qui nous ouvrent enfin les portes dorées du loisir, apprenons à en jouir pleinement, longuement, voluptueusement. Ayons pour ces heures privilégiées une mesure plus noble que celle où nous répandons les heures ordinaires. Recueillons leurs éblouissantes minutes dans des urnes inaccoutumées, glorieuses, transparentes et faites de la lumière même qu'elles doivent contenir; comme on verse un vin précieux non dans les verreries vulgaires de la table quotidienne, mais dans la plus pure coupe de cristal et d'argent que recèle le dressoir des grandes fêtes.

Mesurer le temps! Nous sommes ainsi faits que nous ne prenons conscience de celui-ci et ne pouvons nous pénétrer de ses tristesses ou de ses félicités qu'à la condition de le compter, de le peser comme une monnaie que nous ne verrions point. Il ne prend corps, il n'acquiert sa substance et sa valeur que dans les appareils compliqués que nous avons imaginés pour le rendre visible, et, n'existant pas en soi, il emprunte le goût, le parfum et la forme de l'instrument qui le détermine. C'est ainsi que la minute déchiquetée par nos petites montres n'a pas même visage que celle que prolonge la grande aiguille de l'horloge du beffroi ou de la cathédrale. Il convient donc de n'être pas indifférent à la naissance de nos heures. De même que nous avons des verres dont la forme, la nuance et l'éclat varient selon qu'ils sont appelés à offrir à nos lèvres le bordeaux léger, le bourgogne opulent, le rhin frais, le porto lourd ou l'allégresse du champagne, pourquoi nos minutes ne seraient-elles pas dénombrées selon des modes appropriés à leur mélancolie, à leur inertie, à leur joie? Il sied, par exemple, que nos mois laborieux et nos jours d'hiver, jours de tracas, d'affaires, de hâte, d'inquiétude, soient strictement, méthodiquement, âprement divisés et enregistrés par les rouages, les aiguilles d'acier, les disques émaillés de nos pendules de cheminée, de nos cadrans électriques ou pneumatiques et de nos minuscules montres de poche. Ici, le temps majestueux, maître des hommes et des dieux, le temps, immense forme humaine de l'éternité, n'est plus qu'un insecte opiniâtre qui ronge mécaniquement une vie sans horizon, sans ciel et sans repos. Tout au plus, aux moments de détente, le soir, sous la lampe, durant la trop brève veillée dérobée aux soucis de la faim ou de la vanité, sera-t-il permis au large balancier de cuivre de l'horloge cauchoise ou flamande d'alentir et de solenniser les secondes qui précèdent les pas de la nuit grave qui s'avance.

D'autre part, pour nos heures non plus indifférentes mais réellement sombres, pour nos heures de découragement, de renoncement, de maladie et de souffrances, pour les minutes mortes de notre vie, regrettons l'antique, le morne et silencieux sablier de nos ancêtres. Il n'est plus aujourd'hui qu'un inactif symbole sur nos tombes ou sur les tentures funéraires de nos églises; à moins que, pitoyablement déchu, on ne le retrouve qui préside encore, dans quelque cuisine de province, à la cuisson méticuleuse de nos œufs à la coque. Il ne subsiste plus comme instrument du temps, bien qu'il figure encore, à côté de la faux, dans ses armoiries surannées. Pourtant il avait ses mérites et ses raisons d'être. Aux jours attristés de la pensée humaine, dans les cloîtres bâtis autour de la demeure des trépassés, dans les couvents qui n'entr'ouvraient leurs portes et leurs fenêtres que sur les lueurs indécises d'un autre monde, plus redoutable que le nôtre, il était, pour les heures dépouillées de leurs joies, de leurs sourires, de leurs surprises heureuses et de leurs ornements, une mesure que nulle autre n'aurait pu remplacer sans disgrâce. Il ne précisait pas le temps, il l'étouffait dans la poudre. Il était fait pour compter un à un les grains de la prière, de l'attente, de l'épouvante et de l'ennui. Les minutes y coulaient en poussière, isolées de la vie ambiante du ciel, du jardin, de l'espace, recluses dans l'ampoule de verre comme le moine était reclus dans sa cellule, ne marquant, ne nommant aucune heure, les ensevelissant toutes dans le sable funèbre, tandis que les pensées désœuvrées qui veillaient sur leur chute incessante et muette s'en allaient avec elles s'ajouter à la cendre des morts.

Entre les magnifiques rives de l'été de flamme, il semble meilleur de goûter l'ardente succession des heures dans l'ordre où les marque l'astre même qui les épanche sur nos loisirs. En ces jours plus larges, plus ouverts, plus épars, je n'ai foi et ne m'attache qu'aux grandes divisions de la lumière que le soleil me nomme à l'aide de l'ombre chaude de l'un de ses rayons sur le cadran de marbre qui là, dans le jardin, près de la pièce d'eau, reflète et inscrit en silence, comme s'il faisait une chose insignifiante, le parcours de nos mondes dans l'espace planétaire. A cette transcription immédiate et seule authentique des volontés du temps qui dirige les astres, notre pauvre heure humaine, qui règle nos repas et les petits mouvements de notre petite vie, acquiert une noblesse, une odeur d'infini impérieuse et directe qui rend plus vastes et plus salutaires les matinées éblouissantes de rosée et les après-midi presque immobiles du bel été sans tache.

Malheureusement, le cadran solaire qui seul savait noblement suivre la marche grave et lumineuse des heures immaculées, se fait rare et disparaît de nos jardins. On ne le rencontre plus guère que dans la cour d'honneur, aux terrasses de pierre, sur le mail, aux quinconces de quelque vieille ville, de quelque vieux château, de quelque ancien palais, où ses chiffres dorés, son disque et son style s'effacent sous la main du dieu même dont ils devaient perpétuer le culte. Néanmoins, la Provence, certaines bourgades italiennes sont demeurées fidèles à la céleste horloge. On y voit fréquemment s'épanouir, au pignon ensoleillé de la bastide la plus allègrement délabrée, le cercle peint à la fresque où les rayons mesurent soigneusement leur marche féerique. Et des devises profondes ou naïves, mais toujours significatives par la place qu'elles occupent et la part qu'elles prennent à une énorme vie, s'efforcent de mêler l'âme humaine à d'incompréhensibles phénomènes. «L'heure de la justice ne sonne pas aux cadrans de ce monde», dit l'inscription solaire de l'église de Tourette-sur-Loup, l'extraordinaire petit village presque africain, voisin de ma demeure, et qui semble, parmi l'éboulement des rocs et l'escalade des agaves et des figuiers de barbarie, une Tolède en miniature, réduite aux os par le soleil. «*A lumine motus.*» «Je suis mue par la lumière», proclame fièrement une autre horloge rayonnante. *Amyddst ye flowres, I tell ye houres!* «Je compte les heures parmi les fleurs», répète une antique table de marbre au fond d'un vieux jardin. Mais l'une des plus belles exergues est certes celle que découvrit un jour aux environs de Venise, Hazlitt, un essayiste anglais du commencement de l'autre siècle: «*Horas non numero nisi serenas.*» «Je ne compte que les heures claires». «Quel sentiment destructeur des soucis! Toutes les ombres s'effacent au cadran quand le soleil se voile, et le temps n'est plus qu'un grand vide, à moins que son progrès ne soit marqué par ce qui est joyeux, tandis que tout ce qui n'est pas heureux descend dans l'oubli! Et la belle parole qui nous apprend à ne compter les heures que par leurs bienfaits, à n'attacher d'importance qu'aux sourires et à négliger les rigueurs du destin, à composer notre existence des moments brillants et amènes, nous tournant toujours vers le côté ensoleillé des choses et laissant passer tout le reste à travers notre imagination oublieuse ou inattentive!»

La pendule, le sablier, la clepsydre perdue donnent des heures abstraites, sans forme et sans visage. Ce sont les instruments du temps anémié de nos chambres, du temps esclave et prisonnier; mais le cadran solaire nous révèle l'ombre réelle et palpitante de l'aile du grand dieu qui plane dans l'azur. Autour du plateau de marbre qui orne la terrasse ou le carrefour des larges avenues et qui s'harmonise si bien aux escaliers majestueux, aux balustrades éployées, aux murailles de verdure des charmilles profondes, nous jouissons de la présence fugitive mais irrécusable des heures radieuses. Qui sut apprendre à les discerner dans l'espace, les verra tour à tour toucher terre et se pencher sur l'autel mystérieux pour faire un sacrifice au dieu que l'homme honore mais ne peut pas connaître. Il les verra s'avancer en robes diverses et changeantes, couronnées de fruits, de fleurs ou de rosée: d'abord celles encore diaphanes et à peine visibles de l'aube; puis leurs sœurs de midi, ardentes, cruelles, resplendissantes, presque implacables, et enfin les dernières du crépuscule, lentes et somptueuses, que retarde, dans leur marche vers la nuit qui s'approche, l'ombre empourprée des arbres.

Seul il est digne de mesurer la splendeur des mois verts et dorés. De même que le bonheur profond, il ne parle point. Sur lui, le temps marche en silence, comme il passe en silence sur les sphères de l'espace; mais l'église du village voisin lui prête par moments sa voix de bronze, et rien n'est harmonieux comme le son de la cloche qui s'accorde au geste muet de son ombre marquant midi dans l'océan d'azur. Il donne un centre et des noms successifs à la béatitude éparse et anonyme. Toute la poésie, toutes les délices des environs, tous les mystères du firmament, toutes les pensées confuses de la futaie qui garde la fraîcheur que lui confia la nuit comme un trésor sacré, toute l'intensité bienheureuse et tremblante des champs de froment, des plaines, des collines livrées sans défense à la dévorante magnificence de la lumière, toute l'indolence du ruisseau qui coule entre ses rives tendres, et le sommeil de l'étang qui se couvre des gouttes de sueur que forment les lentilles d'eau, et la satisfaction de la maison qui ouvre en sa façade blanche ses fenêtres avides d'aspirer l'horizon, et le parfum des fleurs qui se hâtent de finir une journée de beauté embrasée, et les oiseaux qui chantent selon l'ordre des heures pour leur tresser des guirlandes d'allégresse dans le ciel,—tout cela, avec des milliers de choses et des milliers de vies qui ne sont pas visibles, se donne rendez-vous et prend conscience de sa durée autour de ce miroir du temps où le soleil, qui n'est qu'un des rouages de l'immense machine qui subdivise en vain l'éternité, vient marquer d'un rayon complaisant le trajet que la terre, et tout ce qu'elle porte, accomplit chaque jour sur la route des étoiles.

L'INQUIÉTUDE DE NOTRE MORALE

I

Nous sommes à un moment de l'évolution humaine qui ne doit guère avoir de précédents dans l'histoire. Une grande partie de l'humanité, et justement cette partie qui répond à celle qui créa jusqu'ici les événements que nous connaissons avec quelque certitude, quitte peu à peu la religion dans laquelle elle vécut durant près de vingt siècles.

Qu'une religion s'éteigne, le fait n'est pas nouveau. Il doit s'être accompli plus d'une fois dans la nuit des temps; et les annalistes de la fin de l'empire romain nous font assister à la mort du paganisme. Mais, jusqu'à présent, les hommes passaient d'un temple qui croulait, dans un temple qu'on édifiait, ils sortaient d'une religion pour entrer dans une autre; au lieu que nous abandonnons la nôtre pour n'aller nulle part. Voilà le phénomène nouveau, aux conséquences inconnues, dans lequel nous vivons.

II

Il est inutile de rappeler que les religions ont toujours eu, par leurs promesses d'outre-tombe et par leur morale, une influence énorme sur le bonheur des hommes, bien qu'on en ait vu, et de très importantes, comme le paganisme, qui n'apportaient ni ces promesses, ni une morale proprement dite. Nous ne parlerons pas des promesses de la nôtre, puisqu'elles périssent d'abord avec la foi; au lieu que nous vivons encore dans les monuments élevés par la morale née de cette foi qui se retire. Mais nous sentons que, malgré les soutiens de l'habitude, ces monuments s'entr'ouvrent sur nos têtes, et que déjà en maints endroits, nous nous trouvons sans abri sous un ciel imprévu qui ne donne plus d'ordres. Aussi, assistons-nous à l'élaboration plus ou moins inconsciente et fébrile d'une morale hâtive parce qu'on la sent indispensable, faite de débris recueillis dans le passé, de conclusions empruntées au bon sens ordinaire, de quelques lois entrevues par la science, et enfin de certaines intuitions extrêmes de l'intelligence désorientée, qui revient, par un détour dans un mystère nouveau, à d'anciennes vertus que le bon sens ne suffit pas à étayer. Peut-être est-il curieux de tenter de saisir les principaux réflexes de cette élaboration. L'heure semble sonner où beaucoup se demandent si, en continuant de pratiquer une morale haute et noble dans un milieu qui obéit à d'autres lois, ils ne se désarment point trop naïvement et ne jouent pas le rôle ingrat de dupes. Ils veulent savoir si les motifs qui les attachent encore à de vieilles vertus ne sont pas purement sentimentaux, traditionnels et chimériques; et ils cherchent assez vainement en eux-mêmes les appuis que la raison peut encore leur prêter.

III

Mettant à part le havre artificiel où se réfugient ceux qui demeurent fidèles aux certitudes religieuses, les hauts courants de l'humanité civilisée oscillent en apparence entre deux doctrines contraires. D'ailleurs, ces deux doctrines, parallèles mais inverses, ont de tout temps, traversé, comme des fleuves ennemis, les champs de la morale humaine. Mais jamais leur lit ne fut aussi nettement, aussi rigidement creusé. Ce qui n'était autrefois que de l'altruisme et de l'égoïsme instinctifs, diffus, aux flots souvent mêlés, est devenu récemment l'altruisme et l'égoïsme absolus et systématiques. A leurs sources, non pas renouvelées mais remuées, se trouvent deux hommes de génie: Tolstoï et Nietzsche. Mais, comme je l'ai dit, ce n'est qu'en apparence que ces deux doctrines se partagent le monde de l'éthique. Ce n'est nullement à l'un ou l'autre de ces points trop extrêmes que se joue le véritable drame de la conscience moderne. Ils ne marquent guère, perdus dans l'espace, que deux buts chimériques, auxquels personne ne songe à arriver. L'une de ces doctrines reflue violemment vers un passé qui n'exista jamais tel qu'elle se le représente; l'autre bouillonne cruellement vers un avenir que rien ne fait prévoir. Entre ces deux rêves, les enveloppant d'ailleurs et les débordant de toutes parts, passe la réalité dont ils n'ont point tenu compte. C'est dans cette réalité dont chacun de nous porte en soi l'image, que nous devons étudier la formation de la morale qui soutient aujourd'hui notre vie. Ai-je besoin d'ajouter qu'en employant le mot «morale» je n'entends point parler des pratiques de l'existence quotidienne qui ressortissent aux usages et à la mode, mais des grandes lois qui déterminent l'homme intérieur?

IV

C'est dans notre raison, consciente ou non, que se forme notre morale. On pourrait, à ce point de vue, y marquer trois régions. Tout au bas, la partie la plus lourde, la plus épaisse et la plus générale, que nous appellerons le «sens commun». Un peu plus haut, s'élevant déjà aux idées d'utilité et de jouissance immatérielles, ce qu'on pourrait nommer le «bon sens», et enfin, au sommet, admettant, mais contrôlant aussi sévèrement que possible les revendications de l'imagination, des sentiments et de tout ce qui relie notre vie consciente à l'inconsciente et aux forces inconnues du dedans et du dehors, la partie indéterminée de cette même raison totale à laquelle nous donnerons le nom de «raison mystique».

V

Il n'est pas besoin d'exposer longuement la morale du «sens commun», du bon gros sens commun qui se trouve en chacun de nous, dans les meilleurs comme dans les pires; et qui s'édifie spontanément sur les ruines de l'idée religieuse. C'est la morale du quant à soi, de l'égoïsme pratique et cubique, de tous les instincts et de toutes les jouissances matérielles. Qui part du «sens commun», considère qu'il n'a qu'une certitude: sa propre vie. Dans cette vie, allant au fond des choses, il n'est que deux maux réels: la maladie et la pauvreté; et deux biens véritables et irréductibles: la santé et la richesse. Toutes les autres réalités, heureuses ou malheureuses, en découlent. Le reste, joies et peines qui naissent des sentiments, des passions, est imaginaire, puisqu'il dépend de l'idée que nous nous en faisons. Notre droit à jouir n'est limité que par le droit pareil de ceux qui vivent en même temps que nous; et nous avons à respecter certaines lois établies dans l'intérêt même de notre paisible jouissance. A la réserve de ces lois, nous n'admettons aucune contrainte; et notre conscience, loin d'entraver les mouvements de notre égoïsme, doit, au contraire, approuver leurs triomphes, attendu que ces triomphes sont ce qu'il y a de plus conforme aux devoirs instinctifs et logiques de la vie.

Voilà la première assise, le premier état, de toute morale naturelle.

C'est un état que beaucoup d'hommes, après la mort complète des idées religieuses, ne dépasseront plus.

VI

Le «bon sens», lui, un peu moins matériel, un peu moins animal, regarde les choses d'un peu plus haut et voit par conséquent un peu plus loin. Il remarque bientôt que l'avare «sens commun» mène dans sa coquille une vie obscure, étroite et misérable. Il observe que l'homme, non plus que l'abeille, ne saurait demeurer solitaire; et que la vie qu'il partage avec ses semblables, pour s'épanouir librement et complètement, ne se peut réduire à une lutte sans justice et sans pitié, ni à un simple échange de services âprement compensés. Dans ses rapports avec autrui, il part encore de l'égoïsme; mais cet égoïsme n'est plus purement matériel. Il considère encore l'utilité, mais l'admet déjà spirituelle ou sentimentale. Il connaît des joies et des peines, des affections et des antipathies dont les objets peuvent se trouver dans l'imagination. Ainsi entendu, et capable de s'élever à une certaine hauteur au-dessus des conclusions de la logique matérielle,—sans perdre de vue son intérêt,—il paraît à l'abri de toutes les objections. Il se flatte d'occuper solidement tous les sommets de la raison. Il fait même quelques concessions à ce qui n'est pas sensiblement du domaine de celle-ci, je veux dire aux passions, aux sentiments et à tout l'inexpliqué qui les entoure. Il faut bien qu'il les fasse, sinon, les caves obscures où il s'enfermerait ne seraient guère plus habitables que celles où s'abêtit le morne «sens commun». Mais ces concessions mêmes appellent l'attention sur l'illégitimité de ses prétentions à s'occuper de morale dès que celle-ci dépasse les pratiques ordinaires de la vie quotidienne.

VII

En effet, que peut-il y avoir de commun entre le bon sens et l'idée stoïcienne du devoir, par exemple? Ils habitent deux régions différentes et presque sans communications. Le bon sens, quand il prétend promulguer seul les lois qui forment l'homme intérieur, devrait rencontrer les mêmes défenses et les mêmes obstacles que ceux où il se heurte dans l'une des rares régions qu'il n'a pas encore réduites à l'esclavage: l'esthétique. Il y est très heureusement consulté sur tout ce qui concerne le point de départ et certaines grandes lignes, et très impérieusement prié de se taire dès qu'il s'agit de l'achèvement et de la beauté suprême et mystérieuse de l'œuvre. Mais au lieu qu'en esthétique il se résigne assez facilement au silence, en morale il veut tout régenter. Il importerait donc de le remettre une fois pour toutes à sa place légitime dans l'ensemble des facultés qui constituent notre personne humaine.

VIII

Un des traits de notre temps, c'est la confiance de plus en plus grande et presque exclusive que nous accordons à ces parties de notre intelligence que nous venons d'appeler le sens commun et le bon sens. Il n'en fut pas toujours ainsi. Autrefois l'homme n'asseyait sur le bon sens qu'une portion assez restreinte et la plus vulgaire de sa vie. Le reste avait ses fondements en d'autres régions de notre esprit, notamment dans l'imagination. Les religions, par exemple, et avec elles le plus clair de la morale dont elles sont les sources principales, s'élevèrent toujours à une grande distance de la minuscule enceinte du bon sens. C'était excessif; il s'agit de savoir si l'excès actuel et contraire n'est pas aussi aveugle. L'énorme développement qu'ont pris dans la pratique de notre vie certaines lois mécaniques et scientifiques, nous fait accorder au bon sens une prépondérance à quoi il reste à prouver qu'il ait droit. La logique apparemment irréductible, mais peut-être illusoire, de quelques phénomènes que nous croyons connaître, nous fait oublier l'illogisme possible de millions d'autres phénomènes que nous ne connaissons pas encore. Les lois de notre bon sens sont le fruit d'une expérience insignifiante quand on la compare à ce que nous ignorons. «Il n'y a pas d'effet sans cause», dit notre bon sens, pour prendre l'exemple le plus banal. Oui, dans le petit cercle de notre vie matérielle, cela est incontestable et suffisant. Mais dès que nous sortons de ce cercle infime, cela ne répond plus à rien, attendu que les notions de cause et d'effet sont l'une et l'autre inconnaissables dans un monde où tout est inconnu. Or, notre vie, dès qu'elle s'élève un peu, sort à chaque instant du petit cercle matériel et expérimental, et par conséquent du domaine du bon sens. Même dans le monde visible qui lui sert de modèle en notre esprit, nous n'observons point qu'il règne sans partage. Autour de nous, dans ses phénomènes les plus constants et les plus familiers, la nature n'agit pas toujours selon notre bon sens. Quoi de plus insensé que ses gaspillages d'existences? Quoi de plus déraisonnable que ces milliards de germes aveuglément prodigués pour arriver à la naissance hasardeuse d'un seul être? Quoi de plus illogique que l'innombrable et inutile complication de ses moyens (par exemple dans la vie de certains parasites et la fécondation des fleurs par les insectes), pour arriver aux buts les plus simples? Quoi de plus fou que ces milliers de mondes qui périssent dans l'espace sans accomplir une œuvre? Tout cela dépasse notre bon sens et lui montre qu'il n'est pas toujours d'accord avec la vie générale, et qu'il se trouve à peu près isolé dans l'univers. Il faut qu'il raisonne contre lui-même et reconnaisse que nous n'avons pas à lui donner, dans notre vie qui n'est pas isolée, la place prépondérante où il aspire. Ce n'est pas à dire que nous l'abandonnerons là où il nous est utile; mais il est bon de savoir qu'il ne peut suffire à tout, n'étant presque rien. De même qu'il existe hors de nous un monde qui le dépasse, il en existe un autre en nous qui le déborde. Il est à sa place et fait une humble et saine besogne dans son petit village; mais qu'il ne prétende pas à devenir le maître des grandes villes et le souverain des mers et des montagnes. Or, les grandes villes, les mers et les montagnes occupent en nous infiniment plus d'espace que le petit village de notre existence pratique. Il est l'accord nécessaire sur un certain nombre de vérités inférieures, parfois douteuses mais indispensables et rien de plus. Il est une chaîne plutôt qu'un soutien. Souvenons-nous que presque tous nos progrès se sont faits en dépit des sarcasmes et des malédictions avec lesquels il accueillit les hypothèses déraisonnables mais fécondes de l'imagination. Parmi les flots mouvants et éternels d'un univers sans bornes, ne nous attachons donc point à notre bon sens comme à l'unique roc de salut. Liés à ce roc immobile à travers tous les âges et toutes les civilisations, nous ne ferions rien de ce que nous devrions faire; nous ne deviendrions rien de ce que nous pouvons peut-être devenir.

IX

Jusqu'ici, cette question d'une morale limitée par le bon sens n'avait pas grande importance. Elle n'arrêtait pas le développement de certaines aspirations, de certaines forces qu'on a toujours considérées comme les plus belles et les plus nobles qui se trouvent dans l'homme. Les religions achevaient l'œuvre interrompue. Aujourd'hui, sentant le danger de ses bornes, la morale du bon sens qui voudrait devenir la morale générale, cherche à s'étendre autant que possible du côté de la justice et de la générosité, à trouver, dans un intérêt supérieur, des raisons d'être désintéressées, afin de combler une partie de l'abîme qui la sépare de ces forces et de ces aspirations indestructibles. Mais il y a des points qu'elle ne saurait outrepasser sans se nier, sans se détruire dans sa source même. A partir de ces points où commencent précisément les grandes vertus inutiles, quel guide nous reste-t-il?

X

Nous verrons tout à l'heure s'il est possible de répondre à cette question. Mais en admettant même que par delà les plaines de la morale du bon sens, il n'y ait plus, qu'il ne doive plus jamais y avoir de guide, ce ne serait pas une raison pour nous inquiéter de l'avenir moral de l'humanité. L'homme est un être si essentiellement, si nécessairement moral, que, lorsqu'il nie toute morale, cette négation même est déjà le noyau d'une morale nouvelle. La morale est, peut-on dire, sa folie spécifique. A la rigueur, l'humanité n'a pas besoin de guide. Elle marche un peu moins vite, mais presque aussi sûrement par les nuits que personne n'éclaire. Elle porte en elle sa lumière dont les orages tordent mais raviment la flamme. Elle est, pour ainsi dire, indépendante des idées qui croient la conduire. Il est, au demeurant, curieux et facile de constater que ces idées périodiques ont toujours eu assez peu d'influence sur la somme de bien et de mal qui se fait dans le monde. Ce qui a seul une influence véritable, c'est le flot spirituel qui nous porte, qui a des flux et des reflux, mais qui semble gagner lentement, conquérir on ne sait quelle chose dans l'espace. Ce qui importe plus que l'idée, c'est le temps qui s'écoule autour d'elle; c'est le développement d'une civilisation, qui n'est que l'élévation de l'intelligence générale à un moment donné de l'histoire. Si demain, une religion nous était révélée, prouvant scientifiquement et avec une certitude absolue, que chaque acte de bonté, de sacrifice, d'héroïsme, de noblesse intérieure, nous apporte immédiatement après notre mort une récompense indubitable et inimaginable, je doute que le mélange de bien et de mal, de vertus et de vices au milieu de quoi nous vivons, subisse un changement que l'on puisse apprécier. Faut-il nous rappeler un exemple probant? Au moyen âge, il y eut des moments où la foi était absolue et s'imposait avec une certitude qui répond exactement à nos certitudes scientifiques. Les récompenses promises au bien, comme les châtiments menaçant le mal, étaient, dans la pensée des hommes de ce temps, pour ainsi dire aussi tangibles que le seraient ceux de la révélation dont je parlais plus haut. Pourtant, nous ne voyons pas que le niveau du bien se soit élevé. Quelques saints se sacrifiaient pour leurs frères, portaient certaines vertus, choisies parmi les plus discutables, jusqu'à l'héroïsme; mais la masse des hommes continuait à se tromper, à mentir, à forniquer, à voler, à s'envier, à s'entre-tuer. La moyenne des vices n'était pas inférieure à celle d'à présent.

Au contraire, la vie était incomparablement plus dure, plus cruelle et plus injuste, parce que le niveau de l'intelligence générale était plus bas.

XI

Essayons maintenant de jeter quelques lueurs sur le troisième état de notre morale. Ce troisième état, ou, si l'on veut, cette troisième morale embrasse tout ce qui s'étend depuis les vertus du bon sens, nécessaires à notre bonheur matériel et spirituel, jusqu'à l'infini de l'héroïsme, du sacrifice, de la bonté, de l'amour, de la probité et de la dignité intérieure. Il est certain que la morale du bon sens, bien que de quelques côtés, du côté de l'altruisme, par exemple, elle puisse s'avancer assez loin, manquera toujours un peu de noblesse, de désintéressement, et surtout de je ne sais quelles facultés capables de la mettre directement en rapport avec le mystère incontestable de la vie.

S'il est probable, comme nous l'avons insinué, que notre bon sens ne répond qu'à une portion minime des phénomènes, des vérités et des lois de la nature, s'il nous isole assez tristement dans ce monde, nous avons en nous d'autres facultés merveilleusement adaptées aux parties inconnues de l'univers, et qui semblent nous avoir été données tout exprès pour nous préparer, sinon à les comprendre, du moins à les admettre et à en subir les grands pressentiments: c'est l'imagination et le sommet mystique de notre raison. Nous avons beau faire et beau dire, nous n'avons jamais été, nous ne sommes pas encore une sorte d'animal purement logique. Il y a en nous, au-dessus de la partie raisonnante de notre entendement, toute une région qui répond à autre chose, qui se prépare aux surprises de l'avenir, qui attend les événements de l'inconnu. Cette partie de notre esprit que j'appellerai imagination ou raison mystique, dans les temps où nous ne savions pour ainsi dire rien des lois de la nature, nous a précédés, a devancé nos connaissances imparfaites; et nous a fait vivre moralement, socialement et sentimentalement à un niveau bien supérieur à celui de ces connaissances. A présent que nous avons fait faire à ces dernières quelques pas dans la nuit, et qu'en ces cent années qui viennent de s'écouler nous avons débrouillé plus de chaos qu'en mille siècles antérieurs, à présent que notre vie matérielle semble sur le point de se fixer et de s'assurer, est-ce une raison pour que cette faculté cesse de nous précéder ou pour la faire rétrograder vers le bon sens? N'y aurait-il pas, au contraire, de très sérieux motifs de la pousser plus avant, afin de rétablir les distances normales et l'avance proportionnelle? Est-il juste que nous perdions confiance en elle? Peut-on dire qu'elle ait empêché un progrès humain? Peut-être nous a-t-elle plus d'une fois trompés; mais ses erreurs fécondes, en nous forçant à faire du chemin, nous ont révélé plus de vérités, dans le détour, que n'en eût jamais soupçonné le piétinement sur place du bon sens trop timide. Les plus belles découvertes, en biologie, en chimie, en médecine, en physique, sont presque toutes parties d'une hypothèse fournie par l'imagination ou la raison mystique, hypothèse que confirmèrent les expériences du bon sens, mais que celui-ci, adonné à d'étroites méthodes, n'eût jamais entrevue.

XII

Dans les sciences exactes, où il semble qu'elles devraient être d'abord détrônées, l'imagination et la raison mystique, c'est-à-dire cette partie de notre raison qui s'étale au-dessus du bon sens, ne conclut pas et fait une part énorme et légitime aux hésitations et aux possibilités de l'inconnu, notre imagination, dis-je, et notre raison mystique ont encore une place d'honneur. En esthétique, elles règnent à peu près sans partage. Pourquoi faudrait-il leur imposer silence dans la morale, qui occupe une région intermédiaire entre les sciences exactes et l'esthétique? Il n'y a pas à se le dissimuler, si elles cessent de venir en aide au bon sens, si elles renoncent à prolonger son œuvre, tout le sommet de notre morale s'affaisse brusquement. A partir d'une certaine ligne que dépassent les héros, les grands sages et même la plupart des simples gens de bien, tout le haut de notre morale est le fruit de notre imagination et appartient à la raison mystique. L'homme idéal, tel que le forme le bon sens le plus éclairé et le plus étendu, ne répond pas encore, ne répond même pas du tout à l'homme idéal de notre imagination. Celui-ci est infiniment plus haut, plus généreux, plus noble, plus désintéressé, plus capable d'amour, d'abnégation, de dévouement et de sacrifices nécessaires. Il s'agit de savoir lequel a tort ou raison, lequel a le droit de survivre. Ou plutôt, il s'agit de savoir si quelque fait nouveau nous permet de nous faire cette demande et de mettre en question les hautes traditions de la morale humaine.

XIII

Ce fait nouveau, où le trouverons-nous? Parmi toutes les révélations que la science vient de nous faire, en est-il une seule qui nous autorise à retrancher quelque chose de l'idéal que nous proposait Marc-Aurèle, par exemple? Le moindre signe, le moindre indice, le moindre pressentiment éveille-t-il le soupçon que les idées mères qui jusqu'ici ont conduit le juste, doivent changer de direction; et que la route des bonnes volontés humaines soit une fausse route? Quelle découverte nous annonce qu'il est temps de détruire en notre conscience tout ce qui dépasse la stricte justice, c'est-à-dire ces vertus innommées qui, par delà celles qui sont nécessaires à la vie sociale, paraissent des faiblesses et font cependant du simple honnête homme le véritable et profond homme de bien?

Ces vertus-là, nous dira-t-on, et une foule d'autres qui ont toujours formé le parfum des grandes âmes, ces vertus-là seraient sans doute à leur place dans un monde où la lutte pour la vie ne serait plus aussi nécessaire qu'elle ne l'est actuellement sur une planète où ne s'est pas encore achevée l'évolution des espèces. En attendant, la plupart d'entre elles désarment ceux qui les pratiquent en face de ceux qui ne les pratiquent point. Elles entravent le développement de ceux qui devraient être les meilleurs, au profit des moins bons. Elles opposent un idéal excellent, mais humain et particulier, à l'idéal général de la vie; et cet idéal plus restreint est forcément vaincu d'avance.

L'objection est spécieuse: d'abord, cette soi-disant découverte de la lutte pour la vie, où l'on cherche la source d'une morale nouvelle, n'est au fond qu'une découverte de mots. Il ne suffit pas de donner un nom inaccoutumé à une loi immémoriale pour légitimer une déviation radicale de l'idéal humain. La lutte pour la vie existe depuis qu'existe notre planète; et pas une de ses conséquences ne s'est modifiée, pas une de ses énigmes ne s'est éclaircie, le jour que l'on crut en prendre conscience en l'ornant d'une appellation qu'un caprice du vocabulaire changera peut-être avant un demi-siècle. Ensuite, il convient de reconnaître que si ces vertus nous désarment parfois devant ceux qui n'en ont pas la notion, elles ne nous désarment qu'en de bien misérables combats. Certes, l'homme trop scrupuleux sera trompé par celui qui ne l'est pas; l'homme trop aimant, trop indulgent, trop dévoué souffrira par celui qui l'est moins; mais est-ce cela qui peut s'appeler une victoire du second sur le premier? En quoi cette défaite atteint-elle la vie profonde du meilleur? Il y perdra quelque avantage matériel; mais il perdrait bien plus à laisser en friche toute la région qui s'étend par delà la morale du bon sens. Qui enrichit sa sensibilité enrichit son intelligence; et ce sont là les forces proprement humaines qui finissent toujours par avoir le dernier mot.

XIV

Du reste, si quelques pensées générales parviennent à émerger du chaos de demi-découvertes, de demi-vérités qui hallucinent l'esprit de l'homme moderne, l'une de ces pensées n'affirme-t-elle pas que la nature a mis en chaque espèce d'êtres vivants tous les instincts nécessaires à l'accomplissement de ses destinées? Et de tout temps, n'a-t-elle pas mis en nous un idéal moral qui, chez le sauvage le plus primitif, comme chez le civilisé le plus raffiné, garde, sur les conclusions du bon sens, une avance proportionnelle sensiblement égale? Le sauvage, de même que le civilisé dans une sphère plus élevée, n'est-il pas d'ordinaire infiniment plus généreux, plus loyal, plus fidèle à sa parole que ne le conseillent l'intérêt et l'expérience de sa misérable vie? N'est-ce pas grâce à cet idéal instinctif que nous vivons dans un milieu où, malgré la prépondérance pratique du mal, qu'excusent les dures nécessités de l'existence, l'idée du bien et du juste règne de plus en plus souverainement, où la conscience publique qui est la forme sensible et générale de cette idée, devient de plus en plus puissante et sûre d'elle-même?

N'est-ce pas grâce au même idéal que la morale d'une foule (au théâtre, par exemple) est infiniment supérieure à la morale des unités qui la composent?

XV

Il conviendrait de s'entendre une fois pour toutes sur les droits de nos instincts. Nous n'admettons plus que l'on conteste ceux de n'importe quels instincts inférieurs. Nous savons les légitimer et les ennoblir en les rattachant à quelque grande loi de la nature; pourquoi certains instincts plus élevés, aussi incontestables que ceux qui rampent tout au bas de nos sens, n'auraient-ils pas les mêmes prérogatives? Doivent-ils être niés, suspectés ou traités de chimères parce qu'ils ne se rapportent pas à deux ou trois nécessités primitives de la vie animale? Du moment qu'ils existent, n'est-il pas probable qu'ils sont aussi indispensables que les autres à l'accomplissement d'une destinée dont nous ignorons ce qui lui est utile ou inutile, puisque nous n'en connaissons pas le but? Et, dès lors, n'est-il pas du devoir de notre bon sens, leur ennemi inné, de les aider, de les encourager et d'enfin s'avouer que certaines parties de notre vie échappent à sa compétence?

XVI

Nous devons avant tout nous efforcer de développer en nous les caractères spécifiques de la classe d'êtres vivants à laquelle nous appartenons; et de préférence ceux qui nous différencient le plus de tous les autres phénomènes de la vie environnante. Parmi ces caractères, l'un des plus notoires, est peut-être moins notre intelligence que nos aspirations morales. Une partie de ces aspirations émane de notre intelligence; mais une autre a toujours précédé celle-ci, en a toujours paru indépendante, et ne trouvant pas en elle de racines visibles, a cherché ailleurs, n'importe où, mais surtout dans les religions, l'explication d'un mystérieux instinct qui la poussait plus outre. Aujourd'hui que les religions n'ont plus qualité pour expliquer quelque chose, le fait n'en demeure pas moins; et je ne crois pas que nous ayons le droit de supprimer d'un trait de plume toute une région de notre existence intérieure, à seule fin de donner satisfaction aux organes raisonneurs de notre entendement. Du reste, tout se tient et s'entr'aide, même ce qui semble se combattre, dans le mystère des instincts, des facultés et des aspirations de l'homme. Notre intelligence profite immédiatement des sacrifices qu'elle fait à l'imagination lorsque celle-ci caresse un idéal que celle-là ne trouve pas conforme aux réalités de la vie. Notre intelligence, depuis quelques années, est trop portée à croire qu'elle peut se suffire à elle-même. Elle a besoin de toutes nos forces, de tous nos sentiments, de toutes nos passions, de toutes nos inconsciences, de tout ce qui est avec elle comme de tout ce qui lui tient tête, pour s'étendre et fleurir dans la vie. Mais l'aliment qui lui est plus que tout nécessaire, ce sont les hautes inquiétudes, les graves souffrances, les nobles joies de notre cœur. Elles sont vraiment pour elle, l'eau du ciel sur les lis, la rosée du matin sur les roses. Il est bon qu'elle sache s'incliner et passer en silence devant certains désirs et devant certains rêves de ce cœur qu'elle ne comprend pas toujours, mais qui renferme une lumière qui l'a plus d'une fois conduite vers des vérités qu'elle cherchait en vain aux points extrêmes de ses pensées.

XVII

Nous sommes un tout spirituel indivisible; et c'est seulement pour les besoins de la parole que nous pouvons séparer, lorsque nous les étudions, les pensées de notre intelligence, des passions et des sentiments de notre cœur.

Tout homme est plus ou moins victime de cette division illusoire. Il se dit, dans sa jeunesse, qu'il y verra plus clair quand il sera plus âgé. Il s'imagine que ses passions, même les plus généreuses, voilent et troublent sa pensée, et se demande, avec je ne sais quel espoir, jusqu'où ira cette pensée quand elle régnera seule sur ses rêves et ses sens apaisés. Et la vieillesse vient; l'intelligence est claire, mais elle n'a plus d'objet. Elle n'a plus rien à faire, elle fonctionne dans le vide. Et c'est ainsi que dans les domaines où les résultats de cette division sont le plus visibles nous constatons qu'en général l'œuvre de la vieillesse ne vaut pas celle de la jeunesse ou de l'âge mûr, qui cependant a bien moins d'expérience et sait bien moins de choses, mais n'a pas encore étouffé les mystérieuses forces étrangères à l'intelligence.

XVIII

Si l'on nous demande maintenant quels sont enfin les préceptes de cette haute morale dont nous avons parlé sans la définir, nous répondrons qu'elle suppose un état d'âme ou de cœur plutôt qu'un code de préceptes strictement formulés. Ce qui constitue son essence, c'est la sincère et forte volonté de former en nous un puissant idéal de justice et d'amour qui s'élève toujours au-dessus de celui qu'élaborent les parties les plus claires et les plus généreuses de notre intelligence. Il y aurait à citer mille exemples; je n'en prendrai qu'un seul, celui qui est au centre de toutes nos inquiétudes, et à côté duquel tout le reste n'a plus d'importance, celui qui, lorsque nous parlons ainsi de morale haute et noble et de vertus parfaites, nous interpelle comme des coupables pour nous demander brusquement: «Et l'injustice dans laquelle vous vivez, quand y mettrez-vous fin?»

Oui, nous tous qui possédons plus que les autres, nous tous qui sommes plus ou moins riches, contre ceux qui sont tout à fait pauvres, nous vivons au milieu d'une injustice plus profonde que celle qui provient de l'abus de la force brutale, puisque nous abusons d'une force qui n'est même pas réelle. Notre raison déplore cette injustice, mais l'explique, l'excuse et la déclare inévitable. Elle nous démontre qu'il est impossible d'y apporter le remède efficace et rapide que cherche notre équité; que tout remède trop radical amènerait (surtout pour nous) des maux plus cruels et plus désespérés que ceux qu'il prétendrait guérir; elle nous prouve enfin que cette injustice est organique, essentielle et conforme à toutes les lois de la nature. Notre raison a peut-être raison; mais ce qui a bien plus profondément, bien plus sûrement raison qu'elle, c'est notre idéal de justice qui proclame qu'elle a tort. Alors même qu'il n'agit pas, il est bon, sinon pour le présent, du moins pour l'avenir, que cet idéal ressente vivement l'iniquité; et, s'il n'entraîne plus de renonciations ni de sacrifices héroïques, ce n'est point qu'il soit moins noble ou moins sûr que l'idéal des meilleures religions, c'est qu'il ne promet d'autres récompenses que celles du devoir accompli; et que ces récompenses sont précisément celles que seuls quelques héros comprirent jusqu'ici, et que les grands pressentiments qui flottent au delà de notre intelligence cherchent à nous faire comprendre.

XIX

Au fond, il nous faut si peu de préceptes!... Peut-être trois ou quatre, tout au plus cinq ou six, qu'un enfant pourrait nous donner. Il faut avant tout les comprendre; et «comprendre» tel que nous l'entendons, c'est à peine, d'habitude, le commencement de la vie d'une idée. Si cela suffisait, toutes les intelligences et tous les caractères seraient égaux; car tout homme d'intelligence même très médiocre est apte à comprendre, à ce premier degré, tout ce qu'on lui explique avec une clarté suffisante. Il y a autant de degrés dans la façon de comprendre une vérité, qu'il y a d'esprits qui la croient comprendre. Si je démontre, par exemple, à tel vaniteux intelligent ce qu'il y a de puéril dans sa vanité, à tel égoïste capable de conscience ce qu'il y a d'excessif et d'odieux dans son égoïsme, ils en conviendront volontiers, ils renchériront même sur ce que j'aurai dit. Il n'est donc pas douteux qu'ils aient compris; mais il est à peu près certain qu'ils continueront d'agir comme si l'extrémité de l'une des vérités qu'ils viennent de reconnaître n'avait même pas effleuré leur cerveau. Au lieu que dans tel autre elles entreront un soir, ces vérités, couvertes des mêmes mots, et pénétrant soudain, par delà ses pensées, jusqu'au fond de son cœur, bouleverseront son existence, déplaceront tous les axes, tous les leviers, toutes les joies, toutes les tristesses, tous les buts de son activité. Il a compris plus profondément, voilà tout; car nous ne pouvons nous flatter d'avoir compris une vérité, que lorsqu'il nous est impossible de n'y pas conformer notre vie.

XX

Pour revenir à l'idée centrale de tout ceci, et pour la résumer, reconnaissons qu'il est nécessaire de maintenir l'équilibre entre ce que nous avons appelé le bon sens et les autres facultés et sentiments de notre vie. Au rebours de ce que nous faisions autrefois, nous sommes aujourd'hui trop enclins à rompre cet équilibre en faveur du bon sens. Certes, le bon sens a le droit de contrôler plus strictement que jamais tout ce qui dépasse la conclusion pratique de son raisonnement, tout ce que lui apportent d'autres forces; mais il ne peut empêcher celles-ci d'agir que lorsqu'il a acquis la certitude qu'elles se trompent; et il se doit à lui-même, au respect de ses propres lois, d'être de plus en plus circonspect dans l'affirmation de cette certitude. Or, s'il peut avoir acquis la conviction que ces forces ont commis une erreur en attribuant à une volonté, à des ordres divins et précis, la plupart des phénomènes qui se manifestent en elles, s'il a le devoir de redresser les erreurs accessoires qui découlent de cette erreur initiale, en éliminant, par exemple, de notre idéal moral une foule de vertus stériles et dangereuses, il ne saurait nier que les mêmes phénomènes subsistent, soit qu'ils viennent d'un instinct supérieur, de la vie de l'espèce, infiniment plus puissante en nous que la vie de l'individu, ou de toute autre source inintelligible. En tout cas, il ne saurait les traiter de chimères, car, à ce compte, nous pourrions nous demander si ce juge suprême, débordé et contredit de tous côtés par le génie de la nature et les inconcevables lois de l'univers, n'est pas plus chimérique que les chimères qu'il aspire à anéantir.

XXI

Pour tout ce qui touche à notre vie morale, nous avons encore le choix de nos chimères; le bon sens même, c'est-à-dire l'esprit scientifique, est obligé d'en convenir. Donc, chimères pour chimères, accueillons celles d'en haut plutôt que celles d'en bas. Les premières, après tout, nous ont fait parvenir où nous sommes; et lorsqu'on envisage notre point de départ, l'effroyable caverne de l'homme préhistorique, nous leur devons quelque reconnaissance. Les secondes chimères, celles des régions inférieures, c'est-à-dire du bon sens, n'ont fait leurs preuves jusqu'ici qu'accompagnées et soutenues par les premières. Elles n'ont pas encore marché seules. Elles font leurs premiers pas dans la nuit. Elles nous mènent, disent-elles, à un bien-être régulier, assuré, mesuré, exactement pesé, à la conquête de la matière. Soit, elles ont charge de ce genre de bonheur. Mais qu'elles ne prétendent pas que pour y arriver il soit nécessaire de jeter à la mer, comme un poids dangereux, tout ce qui formait jusqu'ici l'énergie héroïque, sourcilleuse, infatigable, aventureuse de notre conscience. Laissez-nous quelques vertus de luxe. Accordez un peu d'espace à nos sentiments fraternels. Il est fort possible que ces vertus et ces sentiments qui ne sont pas strictement indispensables au juste d'aujourd'hui, soient les racines de tout ce qui s'épanouira quand l'homme aura fait le plus dur de l'étape de la «lutte pour la vie». Il faut aussi que nous tenions en réserve quelques vertus somptueuses, afin de remplacer celles que nous abandonnons comme inutiles; car notre conscience a besoin d'exercice et d'aliments. Déjà nous avons dépouillé bien des contraintes assurément nuisibles, mais qui du moins entretenaient l'activité de notre vie intérieure. Nous ne sommes plus chastes, depuis que nous avons reconnu que l'œuvre de la chair, maudite durant vingt siècles, est naturelle et légitime. Nous ne sortons plus à la recherche de la résignation, de la mortification, du sacrifice, nous ne sommes plus humbles de cœur ni pauvres d'esprit. Tout cela est fort légitime, attendu que ces vertus dépendaient d'une religion qui se retire; mais il n'est pas bon que la place reste vide. Notre idéal ne demande plus à créer des ascètes, des vierges, des martyrs; mais bien qu'elle prenne une autre route, la force spirituelle qui animait ceux-ci doit demeurer intacte et reste nécessaire à l'homme qui veut aller plus loin que la simple justice. C'est par delà cette simple justice que commence la morale de ceux qui espèrent en l'avenir. C'est dans cette partie peut-être féerique mais non pas chimérique de notre conscience que nous devons nous acclimater et nous complaire. Il est encore raisonnable de nous persuader qu'en le faisant nous ne sommes pas dupes.

XXII

La bonne volonté des hommes est admirable. Ils sont prêts à renoncer à tous les droits qu'ils croyaient spécifiques, à abandonner tous leurs rêves et toutes leurs espérances de bonheur; comme beaucoup d'entre eux ont déjà abandonné, sans se désespérer, toutes leurs espérances d'outre-tombe. Ils sont d'avance résignés à voir leurs générations se succéder, sans but, sans mission, sans horizon, sans avenir, si telle est la volonté certaine de la vie. L'énergie et la fierté de notre conscience se manifesteront une dernière fois dans cette acceptation et dans cette adhésion. Mais avant d'en venir là, avant d'abdiquer aussi lugubrement, il est juste que nous demandions des preuves; et jusqu'ici, elles semblent se tourner contre ceux qui les apportent. En tout cas, rien n'est décidé. Nous sommes encore en suspens. Ceux qui assurent que l'ancien idéal moral doit disparaître parce que les religions disparaissent, se trompent étrangement. Ce ne sont point les religions qui ont formé cet idéal; mais bien celui-ci qui a donné naissance aux religions. Ces dernières affaiblies ou disparues, leurs sources subsistent qui cherchent un autre cours. Tout compte fait, à la réserve de certaines vertus factices et parasites qu'on abandonne naturellement au tournant de la plupart des cultes, il n'y a encore rien à changer à notre vieil idéal aryen de justice, de conscience, de courage, de bonté et d'honneur. Il n'y a qu'à s'en rapprocher davantage, à le serrer de plus près, à le réaliser plus efficacement; et, avant de le dépasser, nous avons encore une longue et noble route à parcourir sous les étoiles.

ÉLOGE DE LA BOXE

Il convient, parmi nos soucis intellectuels, de s'occuper parfois des aptitudes de notre corps et spécialement des exercices qui augmentent le plus sa force, son agilité et ses qualités de bel animal sain, redoutable et prêt à faire face à toutes les exigences de la vie.

Je me souviens, à ce propos, qu'en parlant naguère de l'épée, entraîné par mon sujet, je fus assez injuste envers la seule arme spécifique que la nature nous ait donnée: le poing. Je tiens à réparer cette injustice.

L'épée et le poing se complètent et peuvent faire, s'il est gracieux de s'exprimer ainsi, fort bon ménage ensemble. Mais l'épée n'est ou ne devrait être qu'une arme exceptionnelle, une sorte d'*ultima et sacra ratio*. Il n'y faudrait avoir recours qu'avec de solennelles précautions et un cérémonial équivalent à celui dont on entoure les procès qui peuvent aboutir à une condamnation à mort.

Au contraire, le poing est l'arme de tous les jours, l'arme humaine par excellence, la seule qui soit organiquement adaptée à la sensibilité, à la résistance, à la structure offensive et défensive de notre corps.

En effet, à nous bien examiner, nous devons nous ranger, sans vanité, parmi les êtres les moins protégés, les plus nus, les plus fragiles, les plus friables et les plus flasques de la création. Comparons-nous, par exemple, avec les insectes, si formidablement outillés pour l'attaque et si fantastiquement cuirassés! Voyez, entre autres, la fourmi sur laquelle vous pouvez accumuler dix ou vingt mille fois le poids de son corps sans qu'elle en paraisse incommodée. Voyez le hanneton, le moins robuste des coléoptères, et pesez ce qu'il peut porter avant que craquent les anneaux de son ventre, avant que fléchisse le bouclier de ses élytres. Quant à la résistance de l'escarbot, elle n'a pour ainsi dire pas de limites. Nous sommes donc, par rapport à eux, nous et la plupart des mammifères, des êtres non solidifiés, encore gélatineux et tout proches du protoplasme primitif. Seul, notre squelette, qui est comme l'ébauche de notre forme définitive, offre quelque consistance. Mais qu'il est misérable, ce squelette que l'on dirait construit par un enfant! Considérez notre épine dorsale, base de tout le système, dont les vertèbres mal emboîtées ne tiennent que par miracle; et notre cage thoracique qui n'offre qu'une série de porte à faux qu'on ose à peine toucher du bout des doigts. Or c'est contre cette molle et incohérente machine qui semble un essai manqué de la nature, c'est contre ce pauvre organisme d'où la vie tend à s'échapper de toutes parts, que nous avons imaginé des armes capables de nous anéantir même si nous possédions la fabuleuse cuirasse, la prodigieuse force et l'incroyable vitalité des insectes les plus indestructibles. Il y a là, il faut en convenir, une bien curieuse et bien déconcertante aberration, une folie initiale, propre à l'espèce humaine, qui, loin de s'amender, va croissant chaque jour. Pour rentrer dans la logique naturelle que suivent tous les autres êtres vivants, s'il nous est permis d'user d'armes extraordinaires contre nos ennemis d'un ordre différent, nous devrions, entre nous, hommes, ne nous servir que des moyens d'attaque et de défense fournis par notre propre corps. Dans une humanité qui se conformerait strictement au vœu évident de la nature, le poing, qui est à l'homme ce que la corne est au taureau et au lion la griffe et la dent, suffirait à tous nos besoins de protection, de justice et de vengeance. Sous peine de crime irrémissible contre les lois essentielles de l'espèce, une race plus sage interdirait tout autre mode de combat. Au bout de quelques générations on parviendrait à répandre ainsi et à mettre en vigueur une sorte de respect panique de vie humaine. Et quelle sélection prompte et dans le sens exact des volontés de la nature amènerait la pratique intensive du pugilat, où se concentreraient toutes les espérances de la gloire militaire! Or la sélection est, après tout, la seule chose réellement importante dont nous ayons à nous préoccuper; c'est le premier, le plus vaste et le plus éternel de nos devoirs envers l'espèce.

En attendant, l'étude de la boxe nous donne d'excellentes leçons d'humilité et jette sur la déchéance de quelques-uns de nos instincts les plus précieux une lumière assez inquiétante. Nous nous apercevons bientôt qu'en tout ce qui concerne l'usage de nos membres, l'agilité, l'adresse, la force musculaire, la résistance à la douleur, nous sommes tombés au dernier rang des mammifères ou des batraciens. A ce point de vue, dans une hiérarchie bien comprise, nous aurions droit à une modeste place entre la grenouille et le mouton. Le coup de pied du cheval de même que le coup de corne du taureau ou le coup de dent du chien sont mécaniquement et anatomiquement imperfectibles. Il serait impossible d'améliorer, par les plus savantes leçons, l'usage instinctif de leurs armes naturelles. Mais nous, les «hominiens», les plus orgueilleux des primates, nous ne savons pas donner un coup de poing! Nous ne savons même pas quelle est au juste l'arme de notre espèce! Avant qu'un maître ne nous l'ait laborieusement et méthodiquement enseignée, nous ignorons totalement la manière de mettre en œuvre et de concentrer dans notre bras la force relativement énorme qui réside dans notre épaule et dans notre bassin. Regardez deux charretiers, deux paysans qui en viennent aux mains: rien n'est plus pitoyable. Après une copieuse et dilatoire bordée d'injures et de menaces, ils se saisissent à la gorge et aux cheveux, jouent des pieds, du genou, au hasard, se mordent, s'égratignent, s'empêtrent dans leur rage immobile, n'osent pas lâcher prise, et si l'un d'eux parvient à dégager un bras, il en porte, à l'aveuglette et le plus souvent dans le vide, de petits coups précipités, étriqués, bredouillés; et le combat ne finirait jamais si le couteau félon, évoqué par la honte du spectacle incongru, ne surgissait soudain, presque spontanément, de l'une ou l'autre poche.

Contemplez d'autre part deux boxeurs: pas de mots inutiles, pas de tâtonnements, pas de colère; le calme de deux certitudes qui savent ce qu'il faut faire. L'attitude athlétique de la garde, l'une des plus belles du corps viril, met logiquement en valeur tous les muscles de l'organisme. Aucune parcelle de force qui de la tête aux pieds puisse encore s'égarer. Chacune d'elles a son pôle dans l'un ou l'autre des deux poings massifs surchargés d'énergie. Et quelle noble simplicité dans l'attaque! Trois coups, sans plus, fruits d'une expérience séculaire, épuisent mathématiquement les mille possibilités inutiles où s'aventurent les profanes. Trois coups synthétiques, irrésistibles, imperfectibles. Dès que l'un d'eux atteint franchement l'adversaire, la lutte est terminée à la satisfaction complète du vainqueur qui triomphe si incontestablement qu'il n'a nul désir d'abuser de sa victoire, et sans dangereux dommage pour le vaincu simplement réduit à l'impuissance et à l'inconscience durant le temps nécessaire pour que toute rancune s'évapore. Bientôt après, ce vaincu se relèvera sans avarie durable, parce que la résistance de ses os et de ses organes est strictement et naturellement proportionnée à la puissance de l'arme humaine qui l'a frappé et terrassé.

Il peut sembler paradoxal, mais il est facile de constater que l'art de la boxe, là où il est généralement pratiqué et cultivé, devient un gage de paix et de mansuétude. Notre nervosité agressive, notre susceptibilité aux aguets, la sorte de perpétuel qui-vive où s'agite notre vanité soupçonneuse, tout cela vient, au fond, du sentiment de notre impuissance et de notre infériorité physique qui peine de son mieux à en imposer, par un masque fier et irritable, aux hommes souvent grossiers, injustes et malveillants qui nous entourent. Plus nous nous sentons désarmés en face de l'offense, plus nous tourmente le désir de témoigner aux autres et de nous persuader à nous-mêmes que nul ne nous offense impunément. Le courage est d'autant plus chatouilleux, d'autant plus intraitable que l'instinct effrayé, tapi au fond du corps qui recevra les coups, se demande avec plus d'anxiété comment finira l'algarade. Que fera-t-il, ce pauvre instinct prudent, si la crise tourne mal? C'est sur lui que l'on compte, à l'heure du péril. A lui sont dévolus le souci de l'attaque, le soin de la défense. Mais on l'a si souvent, dans la vie quotidienne, éloigné des affaires et du conseil suprême, qu'à l'appel de son nom il sort de sa retraite comme un captif vieilli qu'éblouirait soudain la lumière du jour. Quel parti prendra-t-il? Où faudra-t-il frapper, aux yeux, au ventre, au nez, aux tempes, à la gorge? Et quelle arme choisir, le pied, la dent, la main, le coude ou les ongles? Il ne sait plus; il erre dans sa pauvre demeure qu'on va détériorer, et durant qu'il s'affole et les tire par la manche, le courage, l'orgueil, la vanité, la fierté, l'amour-propre, tous les grands seigneurs magnifiques, mais irresponsables, enveniment la querelle récalcitrante, qui aboutit enfin, après d'innombrables et grotesques détours, à l'inhabile échange de horions criards, aveugles, hybrides et pleurards, piteux et puérils et indéfiniment impuissants.

Au contraire, celui qui connaît la source de justice qu'il détient en ses deux mains fermées n'a rien à se persuader. Une fois pour toutes il sait. La longanimité, comme une fleur paisible, émane de sa victoire idéale mais certaine. La plus grossière insulte ne peut plus altérer son sourire indulgent. Il attend, pacifique, les premières violences, et peut dire avec calme à tout ce qui l'offense: «Vous irez jusque-là». Un seul geste magique, au moment nécessaire, arrête l'insolence. A quoi bon faire ce geste? On n'y songe même plus tant l'efficace est sûre. Et c'est avec la honte de frapper un enfant sans défense, qu'à la dernière extrémité on se résout enfin à lever contre la plus puissante brute, une main souveraine qui regrette d'avance sa victoire trop facile.

A PROPOS DU ROI LEAR

Il est facile de constater qu'en ces dernières années, notamment à partir de la grande période romantique, le royaume de la poésie,—auquel on n'avait guère touché depuis la perte définitive des vastes mais inhabitables provinces du poème épique,—s'est graduellement rétréci et se voit actuellement réduit à quelques petites villes isolées dans la montagne. Elle y demeurera vraisemblablement vivace et inexpugnable, et y gagnera en pureté et en intensité ce qu'elle a perdu par ailleurs en étendue et en abondance. Elle s'y dépouillera peu à peu de ses vains ornements didactiques, descriptifs et narratifs, pour n'être bientôt qu'elle-même; c'est-à-dire la seule voix qui nous puisse révéler ce que le silence nous cache, ce que la parole humaine ne dit plus et ce que la musique n'exprime pas encore.

Il y aura toujours une poésie lyrique; elle est immortelle étant nécessaire. Mais quel sort l'avenir et même le présent réserve-t-il, je ne dis pas au dramaturge ou au dramatiste, mais au poète tragique proprement dit, à celui qui s'efforce de maintenir un certain lyrisme dans son œuvre en y représentant des choses plus grandes et plus belles que celles de la vie réelle?

Il est certain que la tragédie lyrique des Grecs, la tragédie classique telle que la conçurent Corneille et Racine, le drame romantique des Allemands et de Victor Hugo, puisent leur poésie à des sources définitivement taries. Le grand drame des foules, au sein duquel on croyait avoir découvert une source inconnue et inépuisable, n'a donné jusqu'ici que des résultats assez médiocres. Et les mystères nouveaux de notre vie moderne, qui ont remplacé tous les autres et du côté desquels Ibsen a tenté quelques fouilles, sont depuis trop peu de temps en contact direct avec l'homme, pour qu'ils élèvent et dominent visiblement et efficacement les paroles et les actes des personnages d'une pièce. Et cependant, il n'y a pas à se le dissimuler, et l'instinct poétique de l'humanité l'a toujours pressenti, un drame n'est réellement vrai que lorsqu'il est plus grand et plus beau que la réalité.

Voyons, en attendant que les poètes sachent de quel côté diriger leurs pas, l'un des plus fameux modèles de ces drames qui élargissent la vérité sans la fausser, l'un des rares qui, après plus de trois siècles, demeure encore vert et vivant en toutes ses parties: j'entends parler du *Roi Lear* de Shakespeare.

On peut affirmer, disais-je naguère,—en exagérant un peu, comme il est impossible de ne le point faire dans le léger et délicieux accès de fièvre qui saisit tous les fervents de Shakespeare au moment où l'on ressuscite un de ses chefs-d'œuvre,—on peut affirmer, après avoir parcouru les littératures de tous les temps et de tous les pays, que la tragédie du vieux roi constitue le poème dramatique le plus puissant, le plus vaste, le plus émouvant, le plus intense qui ait jamais été écrit. Si l'on nous demandait du haut d'une autre planète quelle est la pièce représentative et synthétique, la pièce archétype du théâtre humain, celle où l'idéal de la plus haute poésie scénique est le plus pleinement réalisé, il me semble certain qu'après en avoir délibéré tous les poètes de notre terre, les meilleurs juges en l'occurrence, désigneraient unanimement le *Roi Lear*. Ils ne pourraient mettre un instant en balance que deux ou trois chefs-d'œuvre du théâtre grec; ou bien, car au fond Shakespeare n'est comparable qu'à lui-même, l'autre miracle de son génie: la tragique histoire d'Hamlet, prince de Danemark.

Prométhée, «l'Orestie», *Œdipe roi*, ce sont des arbres merveilleux mais isolés, au lieu que le *Roi Lear*, c'est une forêt merveilleuse. Convenons que le poème de Shakespeare est moins net, moins visiblement harmonieux, moins pur de lignes, moins parfait, au sens assez conventionnel de ce mot; accordons qu'il a des défauts aussi énormes que ses qualités,—il n'en reste pas moins qu'il l'emporte sur tous les autres par le nombre, l'acuité, la densité, l'étrangeté, la mobilité, la prodigieuse masse des beautés tragiques qu'il renferme. Je sais bien que la beauté totale d'un ouvrage ne s'estime pas au poids ni au volume; que les dimensions d'une statue n'ont point un rapport nécessaire à sa valeur esthétique. Néanmoins on ne saurait contester que l'abondance, la variété et l'ampleur ajoutent à la beauté des éléments vitaux et inaccoutumés; qu'il est plus facile de réussir une statue unique, de grandeur médiocre et d'un mouvement calme, qu'un groupe de vingt statues de taille surhumaine, aux gestes passionnés et cependant coordonnés; qu'il est plus aisé d'écrire un acte tragique et puissant où se meuvent trois ou quatre personnages, que d'en écrire cinq où s'agite tout un peuple et qui maintiennent à une hauteur égale, durant un temps cinq fois plus long, ce même tragique et cette même puissance; or, au regard du *Roi Lear*, les plus longues tragédies grecques ne sont guère que des pièces en un acte.

D'autre part, si l'on entend le comparer à *Hamlet*, il est probable que la pensée y est moins active, moins aiguë, moins profonde, moins frémissante, moins prophétique. En revanche, combien le jet de l'œuvre paraît plus énergique, plus massif et plus irrésistible! Certaines aigrettes, certains filets de lumière sur l'esplanade d'Elseneur atteignent et éclairent un instant, comme des lueurs d'outre-tombe, de plus inaccessibles ténèbres; mais ici la colonne de fumée et de flammes illumine d'une façon permanente et uniforme tout un pan de la nuit. Le sujet est plus simple, plus général et plus normalement humain, la couleur plus monotone, mais plus majestueusement et plus harmonieusement grandiose, l'intensité plus constante et plus étendue, le lyrisme plus continu, plus débordant et plus hallucinant, et cependant plus naturel, plus près des réalités quotidiennes, plus familièrement émouvant, à cause qu'il ne sort point de la pensée, mais de la passion; qu'il enveloppe une situation qui, bien qu'exceptionnelle, est toutefois universellement possible, qu'il ne nécessite point un héros métaphysicien comme Hamlet, mais qu'il touche immédiatement à l'âme primitive et presque invariable de l'homme.

Hamlet, Macbeth, Prométhée, «l'Orestie», *Œdipe* appartiennent à une classe de poèmes plus augustes que les autres parce qu'ils se déroulent sur une sorte de montagne sacrée entourée d'un certain mystère. C'est ce qui, dans la hiérarchie des chefs-d'œuvre, met incontestablement *Hamlet* au-dessus d'*Othello*, par exemple, bien qu'*Othello* soit aussi passionnément, aussi profondément et sans doute plus normalement humain. Ils doivent à cette montagne qui les porte entre ciel et terre le meilleur de leur sombre et sublime puissance. Or, si l'on examine de quoi est formée cette montagne, on se rend compte que les éléments qui la composent sont empruntés à un surnaturel variable et arbitraire; c'est de l'«au-delà» sous une espèce et une apparence contestables, religieuses ou superstitieuses, par conséquent transitoires et locales. Mais—et c'est ce qui lui fait une place à part parmi les quatre ou cinq grands poèmes dramatiques de la terre—dans le *Roi Lear* il n'y a pas de surnaturel proprement dit. Les dieux, les habitants des grands mondes imaginaires ne se mêlent pas à l'action, la Fatalité même y est tout intérieure, elle n'est que de la passion affolée; et cependant l'immense drame développe ses cinq actes sur une cime aussi haute, aussi surchargée de prestiges, de poésie et d'inquiétudes insolites que si toutes les forces traditionnelles des cieux et de l'enfer avaient rivalisé d'ardeur pour en surélever les pics. L'absurdité de l'anecdote primitive (presque tous les grands chefs-d'œuvre, devant représenter des actions types forcément outrées, exclusives et excessives, sont fondés sur une anecdote plus ou moins absurde) disparaît dans la grandiose magnificence de l'altitude où elle évolue. Étudiez de près la structure de cette cime: elle est uniquement formée d'énormes stratifications humaines, de gigantesques blocs de passion, de raison, de sentiments généraux et presque familiers, bouleversés, accumulés, superposés par une tempête formidable, mais profondément propre à ce qu'il y a de plus humain dans la nature humaine.

C'est pourquoi le *Roi Lear* demeure la plus jeune des grandes œuvres tragiques, la seule où le temps n'ait rien flétri. Il faut un effort de notre bonne volonté, un oubli de notre situation et de nos certitudes actuelles pour que nous puissions sincèrement et complètement nous émouvoir au spectacle d'*Hamlet*, de *Macbeth* ou d'*Œdipe*. Au contraire, la colère, les rugissements de douleur, les malédictions prodigieuses du vieillard et du père bafoué semblent sortir de notre cœur et de notre raison d'aujourd'hui, s'élever sous notre propre ciel, et sous le rapport de toutes les vérités profondes qui forment l'atmosphère spirituelle et sentimentale de notre planète, il n'y a rien d'essentiel à y ajouter ou retrancher. Shakespeare revenant parmi nous sur la terre ne pourrait plus écrire *Hamlet* ou *Macbeth*. Il sentirait que les sombres et augustes idées mères sur quoi reposent ces poèmes ne les porteraient plus; tandis qu'il n'aurait pas à modifier une situation ni un vers du *Roi Lear*.

La plus jeune, la plus inaltérable des tragédies est aussi le poème dramatique le plus organiquement lyrique qui ait jamais été réalisé; le seul au monde où la magnificence du langage ne nuise pas une seule fois à la vraisemblance, au naturel du dialogue. Aucun poète n'ignore qu'il est presque impossible d'allier, au théâtre, la beauté des images au naturel de l'expression. On ne saurait le nier; toute scène, dans la plus haute tragédie comme dans la plus banale comédie, n'est jamais, ainsi que le faisait observer Alfred de Vigny, qu'une conversation entre deux ou trois personnages réunis pour parler de leurs affaires. Ils doivent donc parler, et pour nous donner ce qui est au théâtre l'illusion la plus nécessaire, l'illusion de la réalité, il faut qu'ils s'écartent le moins possible du langage employé dans la vulgaire vie de tous les jours. Mais dans cette vie assez élémentaire nous n'exprimons presque jamais par la parole ce que peut avoir d'éclatant ou de profond notre existence intérieure. Si nos pensées habituelles se mêlent aux grands et beaux spectacles, aux plus hauts mystères de la nature, elles demeurent en nous à l'état latent, à l'état de songes, d'idées, de sentiments muets qui, tout au plus, se trahissent parfois par un mot, par une phrase plus justes et plus nobles que ceux de la conversation vraisemblable et usuelle. Or le théâtre ne pouvant presque rien exprimer qui ne s'exprimerait pas dans la vie, il s'ensuit que toute la partie supérieure de l'existence y demeure informulée, sous peine de déchirer le voile de l'illusion indispensable. Le poète a donc à choisir: il sera lyrique ou simplement éloquent, mais irréel (et c'est l'erreur de notre tragédie classique, du théâtre de Victor Hugo et de tous les romantiques français et allemands, quelques scènes de Gœthe exceptées), ou bien il sera naturel mais sec, prosaïque et plat. Shakespeare n'a pas échappé aux dangers de ce choix. Dans *Roméo et Juliette*, par exemple, et dans la plupart de ses pièces historiques, il verse dans la rhétorique, sacrifie sans cesse à la splendeur, à l'abondance des métaphores, la précision et la banalité impérieusement nécessaires des tirades et des répliques.

Par contre, dans ses grands chefs-d'œuvre il ne se trompe point; mais la manière même dont il surmonte la difficulté dévoile toute la gravité du problème. Il n'y arrive qu'à l'aide d'une sorte de subterfuge auquel il a toujours recours. Comme il semble acquis qu'un héros qui exprime sa vie intérieure dans toute sa magnificence ne peut demeurer vraisemblable et humain sur la scène qu'à la condition qu'il soit représenté comme fou dans la vie réelle (car il est entendu que les fous seuls y expriment cette vie cachée), Shakespeare ébranle systématiquement la raison de ses protagonistes, et ouvre ainsi la digue qui retenait captif l'énorme flot lyrique. Dès lors, il parle librement par leur bouche, et la beauté envahit le théâtre sans craindre qu'on lui dise qu'elle n'est pas à sa place. Dès lors aussi, le lyrisme de ses grandes œuvres est plus ou moins haut, plus ou moins vaste, à proportion de la folie du héros central. Ainsi, il est intermittent et contenu dans *Othello* et dans *Macbeth*, parce que les hallucinations du thane de Cawdor et les fureurs du More de Venise ne sont que des crises passionnelles; il est lent et pensif dans *Hamlet*, parce que la folie du prince d'Elseneur est engourdie et méditative; mais nulle part comme dans le *Roi Lear* il ne déborde, torrentiel, ininterrompu et irrésistible, entre-choquant en d'immenses et miraculeuses images l'océan, les forêts, les tempêtes et les étoiles, parce que la magnifique démence du vieux monarque dépossédé et désespéré s'étend de la première à la dernière scène.

LES DIEUX DE LA GUERRE

La guerre offrit toujours aux méditations des hommes un thème magnifique et incessamment renouvelé. Il demeure, hélas! bien certain que la plupart de nos efforts et de nos inventions convergent toujours vers elle et en font une sorte de miroir diabolique où se reflète, à l'envers et en creux, le progrès de notre civilisation.

Je ne veux aujourd'hui l'envisager qu'à un seul point de vue, afin de constater une fois de plus qu'à mesure que nous conquérons quelque chose sur les forces inconnues, nous nous livrons davantage à celles-ci. Dès que nous avons saisi dans la nuit ou le sommeil apparent de la nature une lueur, une source d'énergie nouvelles, nous devenons souvent ses victimes et presque toujours ses esclaves. On dirait qu'en croyant nous délivrer, nous délivrons de redoutables ennemis. Il est vrai qu'à la longue ces ennemis finissent par se laisser conduire et nous rendent des services dont nous ne saurions plus nous passer. Mais à peine l'un d'eux a-t-il fait sa soumission qu'en passant sous le joug il nous met sur la trace d'un adversaire infiniment plus dangereux, et notre sort devient ainsi de plus en plus glorieux et de plus en plus incertain. Parmi ces adversaires, il s'en trouve d'ailleurs qui semblent tout à fait indomptables. Mais peut-être ne demeurent-ils rebelles que parce qu'ils savent mieux que les autres faire appel à de mauvais instincts de notre cœur qui retardent de plusieurs siècles sur les conquêtes de notre intelligence.

Il en va notamment ainsi dans la plupart des inventions qui se rapportent à la guerre. Nous l'avons vu en de récents et monstrueux conflits. Pour la première fois, depuis l'origine de l'histoire, des puissances entièrement nouvelles, des puissances enfin mûres et dégagées de l'ombre de séculaires expériences préparatoires, vinrent supplanter les hommes sur le champ de bataille. Jusqu'en ces dernières guerres, elles n'étaient descendues qu'à mi-côte, se tenaient à l'écart et agissaient de loin. Elles hésitaient à s'affirmer, et il y avait encore quelque rapport entre leur action insolite et celle de nos propres mains. La portée du fusil ne dépassait pas celle de notre œil, et l'énergie destructive du canon le plus meurtrier, de l'explosif le plus redoutable gardait des proportions humaines. Aujourd'hui, nous sommes débordés, nous avons définitivement abdiqué, notre règne est fini, et nous voilà livrés, comme des grains de sable, aux monstrueuses et énigmatiques puissances que nous avons osé appeler à notre aide.

Il est vrai que, de tout temps, la part humaine des combats fut la moins importante et la moins décisive. Déjà, aux jours d'Homère, les divinités de l'Olympe se mêlaient aux mortels dans les plaines de Troie et, presque invisibles mais efficaces dans leur nuée d'argent, dominaient, protégeaient ou épouvantaient les guerriers. Mais c'étaient des divinités encore peu puissantes et peu mystérieuses. Si leur intervention paraissait surhumaine, elle reflétait la forme et la psychologie de l'homme. Leurs secrets se mouvaient dans l'orbite de nos secrets étroits. Ils émanaient du ciel de notre intelligence, ils avaient nos passions, nos misères, nos pensées, à peine un peu plus justes, plus hautes et plus pures. Puis, à mesure que l'homme s'avance dans le temps, qu'il sort de l'illusion, que sa conscience augmente, que le monde se dévoile, les dieux qui l'accompagnent grandissent mais s'éloignent, deviennent moins distincts mais plus irrésistibles. A mesure qu'il apprend, à mesure qu'il connaît, le flot de l'inconnu envahit son domaine. A proportion que les armées s'organisent et s'étendent, que les armes se perfectionnent, que la science progresse et asservit des forces naturelles, le sort de la bataille échappe au capitaine pour obéir au groupe des lois indéchiffrables qu'on appelle la chance, le hasard, le destin. Voyez, par exemple, dans Tolstoï, l'admirable tableau, qu'on sent authentique, de la bataille de Borodino ou de la Moskova, type de l'une des grandes batailles de l'Empire. Les deux chefs, Koutouzof et Napoléon, se tiennent à une telle distance du combat, qu'ils n'en peuvent saisir que d'insignifiants épisodes et ignorent presque tout ce qui s'y passe. Koutouzof, en bon fataliste slave, a conscience de la «force des choses». Énorme, borgne, somnolent, écroulé devant une cabane, sur un banc recouvert d'un tapis, il attend l'issue de l'aventure, ne donne aucun ordre, se contentant de consentir ou non à ce qu'on lui propose. Mais Napoléon, lui, se flatte de diriger des événements qu'il n'entrevoit même pas. La veille, au soir, il a dicté les dispositions de la bataille; or, dès les premiers engagements, par cette même «force des choses» à laquelle se livre Koutouzof, pas une seule de ces dispositions n'est ni ne peut être exécutée. Néanmoins, fidèle au plan imaginaire que la réalité a complètement bouleversé, il croit donner des ordres et ne fait que suivre, en arrivant trop tard, les décisions de la chance qui précèdent partout ses aides de camp hagards et affolés. Et la bataille suit son chemin tracé par la nature, comme un fleuve qui coule sans se soucier du cri des hommes rassemblés sur ses rives.

Pourtant Napoléon, de tous les généraux de nos dernières guerres, est le seul qui maintienne l'apparence d'une direction humaine. Les forces étrangères qui secondaient ses troupes et qui déjà les dominaient sortaient à peine de l'enfance. Mais aujourd'hui que ferait-il? Parviendrait-il à ressaisir la centième part de l'influence qu'il avait sur le sort des batailles? C'est qu'à présent les enfants du mystère ont grandi, et ce sont d'autres dieux qui surplombent nos rangs, poussent et dispersent nos escadrons, rompent nos lignes, font chanceler nos citadelles et couler nos vaisseaux. Ils n'ont plus forme humaine, ils émergent du chaos primitif, ils viennent de bien plus loin que leurs prédécesseurs, et toute leur puissance, leurs lois, leurs intentions se trouvent hors du cercle de notre propre vie et de l'autre côté de notre sphère intelligente, dans un monde absolument fermé, le monde le plus hostile aux destinées de notre espèce, le monde informe et brut de la matière inerte. Or, c'est à ces inconnus aveugles et effroyables, qui n'ont rien de commun avec nous, qui obéissent à des impulsions et à des ordres aussi ignorés que ceux qui régissent les astres le plus fabuleusement éloignés, c'est à ces impénétrables et irrésistibles énergies que nous remettons le soin de trancher ce qui est le plus proprement, le plus exclusivement réservé aux plus hautes facultés de la forme de vie que nous représentons seuls sur cette terre; c'est à ces monstres inclassables que nous confions la charge presque divine de prolonger notre raison et de faire le départ du juste et de l'injuste...

A quelles puissances avons-nous donc livré nos privilèges spécifiques?—Je fais parfois ce rêve que l'un de nous soit doué d'un œil qui saisisse tout ce qui évolue autour de nous, tout ce qui peuple ces clartés où flottent nos regards et que nous croyons transparentes et vides, comme l'aveugle—si d'autres sens ne le détrompaient point—croirait vides les ténèbres qui enserrent son front. Imaginons qu'il perce le tain de cette sphère de cristal où nous vivons et qui ne réfléchit jamais que notre propre face, nos propres gestes et nos propres pensées. Imaginons qu'un jour, à travers toutes les apparences qui nous emprisonnent, nous atteignions enfin les réalités essentielles, et que l'invisible qui de toutes parts nous enveloppe, nous abat, nous redresse, nous pousse, nous arrête ou nous fait reculer, dévoile subitement les images immenses, affreuses, inconcevables que revêtent sûrement, dans un creux de l'espace, les phénomènes et les lois de la nature dont nous sommes les fragiles jouets. Ne disons pas que ce n'est là qu'un songe de poète; c'est maintenant, en nous persuadant que ces lois n'ont ni forme ni visage et en oubliant si facilement leur toute-puissante et infatigable présence, c'est maintenant que nous sommes dans le songe, dans le tout petit songe de l'illusion humaine; et c'est alors que nous entrerions dans la vérité éternelle de la vie sans limites où baigne notre vie. Quel spectacle écrasant et quelle révélation qui frapperait d'effroi et paralyserait au fond de son néant toute énergie humaine! Voyez-vous, par exemple, entre tant d'autres triomphes illusoires de notre aveuglement, voyez-vous ces deux flottes qui se préparent au combat?—Quelques milliers d'hommes, aussi imperceptibles et inefficaces sur la réalité des forces mises en jeu qu'une pincée de fourmis dans une forêt vierge, quelques milliers d'hommes se flattent d'asservir et d'utiliser, au profit d'une idée étrangère à l'univers, les plus incommensurables et les plus dangereuses de ses lois. Essayez de donner à chacune de ces lois un aspect ou une physionomie proportionnée et appropriée à sa puissance et à ses fonctions. Pour ne pas vous heurter dès l'abord à l'impossible, à l'inimaginable, négligez, si vous en avez peur, les plus profondes et les plus grandioses, entre autres celle de la gravitation, à laquelle obéissent les vaisseaux et la mer qui les porte, et la terre qui porte la mer, et toutes les planètes qui soutiennent la terre. Il vous faudrait chercher si loin, dans de telles solitudes, dans de tels infinis, par delà de tels astres, les éléments qui la composent, que l'univers entier ne suffirait pas à lui prêter un masque, ni aucun rêve à lui donner une apparence plausible.

Ne prenons donc que les plus limitées, s'il en est qui connaissent des limites, les plus proches de nous, s'il en est qui soient proches. Bornons-nous pour l'instant à celles que ces vaisseaux croient soumises en leurs flancs, à celles que nous croyons spécialement dociles et filles de nos œuvres. Quelle monstrueuse face, quelle ombre gigantesque attribuerons-nous, pour ne parler que d'elle, à la puissance des explosifs, dieux récents et suprêmes, qui viennent de détrôner, aux temples de la guerre, tous les dieux d'autrefois? D'où, de quelles profondeurs, de quels abîmes insondés surgissent-ils, ces démons qui jusqu'ici n'avaient jamais atteint la lumière du jour? A quelle famille de terreurs, à quel groupe imprévu de mystères faut-il les rattacher?— Mélinite, dynamite, panclastite, cordite et roburite, lyddite et balistite, spectres indescriptibles, à côté desquels la vieille poudre noire, épouvante de nos pères, la grande foudre même, qui résumait pour nous le geste le plus tragique de la colère divine, semblent des bonnes femmes un peu bavardes, un peu promptes à la gifle, mais presque inoffensives et presque maternelles: personne n'a effleuré le plus superficiel de vos innombrables secrets, et le chimiste qui compose votre sommeil, aussi profondément que l'ingénieur ou l'artilleur qui vous réveille, ignore votre nature, votre origine, votre âme, les ressorts de vos élans incalculables et les lois éternelles auxquelles vous obéissez tout à coup. Êtes-vous la révolte des choses immémorialement prisonnières? la transfiguration fulgurante de la mort, l'effroyable allégresse du néant qui tressaille, l'éruption de la haine ou l'excès de la joie? Êtes-vous une forme de vie nouvelle et si ardente qu'elle consume en une seconde la patience de vingt siècles? Êtes-vous un éclat de l'énigme des mondes qui trouve une fissure dans les lois de silence qui l'enserrent? Êtes-vous un emprunt téméraire à la réserve d'énergie qui soutient notre terre dans l'espace? Ramassez-vous en un clin d'œil, pour un bond sans égal vers un destin nouveau, tout ce qui se prépare, tout ce qui s'élabore, tout ce qui s'accumule dans le secret des rocs, des mers et des montagnes? Êtes-vous âme ou matière ou un troisième état encore innomé de la vie? Où puisez-vous l'ardeur de vos dévastations, où appuyez-vous le levier qui fend un continent et d'où part votre élan qui pourrait dépasser la zone des étoiles où la terre votre mère exerce sa volonté?—A toutes ces questions, le savant qui vous crée répondra simplement que «votre force vient de la production brusque d'un grand volume gazeux dans un espace trop étroit pour le contenir sous la pression atmosphérique». Il est certain que cela répond à tout, que tout est éclairci. Nous voyons là le fond du vrai, et nous savons dès lors, comme en toutes choses, à quoi nous en tenir.

LE PARDON DES INJURES

Il n'est pas inutile d'interroger de temps à autre le sens de certains mots qui couvrent d'un vêtement invariable des sentiments qui se sont transformés.

Le mot pardonner, par exemple, qui paraît, au premier abord, l'un des plus beaux de la langue, a-t-il encore, eut-il jamais le sens d'amnistie presque divine que nous lui accordons? N'est-il pas un de ces termes qui montrent le mieux la bonne volonté des hommes, puisqu'il renferme un idéal qui ne fut jamais réalisé?—Quand nous disons à qui nous fit injure: «Je vous pardonne et tout est oublié», qu'y a-t-il de vrai au fond de cette parole?—Tout au plus ceci, qui est le seul engagement que nous puissions prendre: «Je ne chercherai point à vous nuire à mon tour.» Le reste, que nous croyons promettre ne dépend pas de notre volonté. Il nous est impossible d'oublier le mal qu'on nous a fait, parce que le plus profond de nos instincts, celui de la conservation, est directement intéressé à se souvenir.

L'homme qui, à un moment donné, pénètre dans notre existence, nous ne le connaissons jamais en soi. Il n'est pour nous qu'une image que lui-même dessine dans notre mémoire. Il est bien vrai que la vie qui l'anime a un visage révélateur, indéfinissable, mais puissant. Ce visage apporte une foule de promesses qui sont probablement plus profondes et plus sincères que les paroles ou les actes qui les démentiront bientôt. Mais ce grand signe n'a guère qu'une valeur idéale. Nous nous trouvons dans un monde où bien peu d'êtres, soit par la force des circonstances, soit par suite d'une erreur initiale, vivent selon la vérité que leur présence fait pressentir. A la longue, l'expérience morose nous apprend à ne plus tenir compte de ce visage trop mystérieux. Un masque net et dur le recouvre, qui porte l'empreinte de tous les faits et gestes qui nous atteignirent. Les bienfaits l'enluminent de couleurs attrayantes et fragiles, tandis que les offenses le creusent profondément. En réalité, c'est uniquement sous ce masque modelé selon le souvenir d'agréments ou d'ennuis que nous apercevons celui qui nous approche; et lui dire, s'il nous a offensé, que nous lui pardonnons, c'est lui affirmer que nous ne le reconnaissons point.

Il s'agit de savoir quelle influence cette reconnaissance inévitable aura sur nos relations avec celui qui nous fut injurieux. Ici, comme sur tant d'autres points, dès que notre bonne volonté se réveille, ses premiers pas, encore inconscients, la ramènent sur la vieille route de l'idéal religieux. Au plus haut de cet idéal, on pourrait ériger, comme un symbole, le groupe légendaire de la chrétienne ensevelissant, au péril de ses jours, les restes exécrés de Néron. Il est incontestable que le geste de cette femme est plus grand, surpasse davantage la raison humaine, que le geste d'Antigone qui domine l'antiquité païenne. Néanmoins, il n'épuise pas tout le pardon chrétien. Supposons que Néron ne soit pas mort, mais chancelle aux dernières limites de la vie, où un héroïque secours puisse seul le sauver. La chrétienne lui devra ce secours, encore qu'elle sache avec certitude que la vie qu'elle rend ramènera en même temps la persécution. Elle peut encore monter plus haut: imaginez qu'elle ait à choisir, dans la même angoisse, entre son frère et l'ennemi qui la fera périr, elle n'atteindra le suprême sommet que si elle préfère l'ennemi.

Cet idéal, sublime malgré les récompenses infinies qu'il escompte, qu'en faut-il penser dans un monde qui n'attend rien d'un autre monde? Auquel des trois moments surhumains appellerons-nous fou celui qui se jettera dans l'un de ces trois abîmes du pardon? Autour du premier, nous trouverons encore aujourd'hui quelques traces de pas; mais autour des deux autres, personne ne s'égarera plus. Reconnaissons qu'il y a là une sorte de marché héroïque de la foi qui n'est plus possible; mais, la foi enlevée, il n'en reste pas moins, jusque dans la déraison de cet idéal, quelque chose d'humain qui est comme un pressentiment de ce que l'homme voudrait faire si la vie n'était pas si cruelle.

Et ne croyons pas que des exemples de ce genre, pris aux extrémités de l'imagination, soient oiseux ou absurdes. L'existence nous apporte sans cesse des équivalents moins tragiques mais aussi difficiles; et de l'esprit qui préside à la solution des plus hauts cas de conscience dépend celle des plus humbles. Tout ce qu'on imagine en grand finit un jour par se réaliser en petit; et du choix que nous ferions sur la montagne, dépend exactement celui que nous ferons dans la vallée.

Nous pouvons d'ailleurs apprendre à pardonner aussi complètement que le chrétien. Non plus que lui nous ne sommes prisonniers de ce monde que nous voyons avec les yeux de notre tête. Il suffit d'un effort analogue au sien, mais vers d'autres portes, pour nous en évader. Le chrétien, tout comme nous, n'oubliait pas l'injure, il ne tentait pas l'impossible, mais il allait noyer d'abord dans l'infini divin tout désir de rancune. Cet infini divin, à le regarder d'un peu près, n'est pas bien différent du nôtre. Ils ne sont, au fond, l'un et l'autre, que le sentiment de l'infini sans nom où nous nous débattons. La religion élevait mécaniquement, pour ainsi dire, toutes les âmes sur les hauteurs que nous devons atteindre par nos propres forces. Mais comme la plupart des âmes qu'elle y entraînait étaient encore aveugles, elle n'essayait pas inutilement de leur donner une idée des vérités qu'on aperçoit de ces hauteurs. Elles ne les auraient pas comprises. Elle se contentait de leur décrire des tableaux appropriés et familiers à leur aveuglement et qui, par des causes très différentes, produisaient à peu près les mêmes effets que la vision réelle qui nous frappe à présent. «Il faut pardonner les offenses parce que Dieu le veut et a donné lui-même l'exemple du pardon le plus complet qu'on puisse imaginer.» Cet ordre qu'on peut suivre sans ouvrir les yeux est exactement le même que celui que nous donnent, au moment où nous les regardons d'une altitude suffisante, les nécessités et l'innocence profonde de toute vie. Et si ce dernier ordre ne va pas comme le premier jusqu'à nous pousser à préférer notre ennemi parce qu'il est notre ennemi, ce n'est pas qu'il soit moins sublime, c'est qu'il parle à des cœurs plus désintéressés en même temps qu'à des intelligences qui ont appris à ne plus apprécier uniquement un idéal selon qu'il est plus ou moins difficile de l'atteindre. Dans le sacrifice, par exemple, dans la pénitence, les mortifications, il y a ainsi toute une série de victoires spirituelles de plus en plus pénibles, mais qui ne sont pas réellement hautes parce qu'elles ne s'élèvent point dans l'atmosphère humaine, mais dans le vide où elles brillent non seulement sans nécessité, mais souvent d'une façon très dommageable. L'homme qui jongle avec des boules de feu sur la pointe d'un clocher fait lui aussi une chose très difficile; pourtant nul ne songera à comparer son courage inutile au dévouement, presque toujours moins périlleux, de celui qui se jette à l'eau ou dans les flammes pour sauver un enfant. En tout cas, et peut-être plus efficacement que l'autre, l'ordre dont nous parlions dissipe toute haine, car il ne descend plus d'une volonté étrangère, il naît en nous à la vue d'un immense spectacle où les actions des hommes prennent leur place et leur signification véritables. Il n'y a plus de mauvaise volonté, d'ingratitude, d'injustice, ni de perversité, il n'y a même plus d'égoïsme dans la nuit magnifique et illimitée où s'agitent de pauvres êtres menés par des ténèbres que chacun d'eux suit de très bonne foi en croyant remplir un devoir ou exercer un droit.

Ne craignons pas que cette vision et tant d'autres plus grandioses et aussi exactes, qui devraient être toujours présentes à nos regards, nous désarme et fasse de nous des victimes ou des dupes dans une vie de réalités moins vastes et plus dures. Il en est bien peu parmi nous qui aient à renforcer leurs moyens de défense, à aiguiser leur prudence, leur méfiance ou leur égoïsme. L'instinct et l'expérience de la vie n'y pourvoient que trop largement. Ce n'est jamais du côté opposé à nos petits intérêts de chaque jour qu'il y a danger de perdre l'équilibre. Tous les efforts d'une pensée vigilante suffisent à grand'peine à nous maintenir droits. Mais il n'est pas indifférent, pour les autres et surtout pour nous-mêmes, que nos gestes d'attaque et de défense se profilent sur le fond morne de la haine, du mépris, du désenchantement, ou sur l'horizon transparent de l'indulgence et du pardon silencieux qui explique et comprend. Avant tout, à mesure que s'écoulent nos années, gardons-nous des leçons basses de l'expérience. Il y a dans ces leçons une partie opaque et lourde qui de droit appartient à l'instinct et descend aux limons nécessaires de la vie. Nul besoin de s'en occuper; elle germe et multiplie prodigieusement dans l'inconscient. Mais il en est une autre plus pure et plus subtile que nous devons apprendre à saisir et à fixer avant qu'elle s'évapore dans l'espace. Tout acte comporte autant d'interprétations différentes qu'il y a de forces diverses en notre intelligence. Les plus basses semblent d'abord les plus simples, les plus justes et les plus naturelles, parce qu'elles sont les premières venues, celles du moindre effort. Si nous ne luttons pas sans répit contre leur envahissement sournois et familier, elles rongent, elles empoisonnent peu à peu toutes les espérances, toutes les croyances dont notre jeunesse avait formé les régions les plus nobles et les plus fécondes de notre esprit. Il ne nous resterait bientôt, vers la fin de nos jours, que les plus tristes déchets de la sagesse. Il importe donc que l'interprétation la plus haute que nous puissions donner des faits qui nous heurtent à tout moment, s'élève à proportion que s'accumule le grossier trésor du sens pratique de l'existence. A mesure que notre sens de la vie s'accroît par les racines dans l'humus, il est indispensable qu'il monte dans la lumière par les fleurs et les fruits. Il faut qu'une pensée toujours en éveil soulève, aère et anime sans cesse le poids mort des années. Du reste, cette expérience si positive, si pratique, si débonnaire, si tranquille, si naïve et si sincère en apparence, elle sait bien au fond qu'elle nous cache quelque chose d'essentiel; et si l'on avait la force de la pousser jusqu'en ses plus secrets retranchements, on finirait par lui arracher à coup sûr l'aveu suprême qu'en dernière analyse et au bout de tout compte, l'interprétation la plus haute est toujours la plus vraie.

L'ACCIDENT

A mesure que nous asservissons les forces de la nature se multiplient nos chances d'accidents, de même que croissent les dangers du dompteur à raison du nombre de fauves qu'il «fait travailler» dans la cage. Autrefois, nous évitions autant que possible le contact de ces forces; aujourd'hui elles sont admises dans notre domestique. Aussi, malgré nos mœurs plus prudentes et plus pacifiques, nous arrive-t-il plus souvent qu'à nos pères de voir la mort d'assez près. Il est donc probable que plusieurs de ceux qui liront ces notes auront éprouvé les mêmes émotions et eu l'occasion de faire des remarques analogues.

Une des premières questions qui se posent est celle du pressentiment. Est-il vrai, comme beaucoup l'affirment, que nous ayons dès le matin une sorte d'intuition de l'événement qui menace la journée? Il est difficile de répondre, attendu que notre expérience ne peut guère porter que sur des événements qui «ne tournèrent pas mal» ou qui, tout au moins, n'eurent pas de suites graves. Il paraît donc naturel que ces accidents qui ne devaient pas avoir de conséquences n'aient point remué par avance les eaux profondes de notre instinct, comme il est vrai, je crois, qu'ils ne les effleurent même pas. Quant aux autres, qui entraînent une mort plus ou moins prochaine, il est rare que la victime ait la force ou la lucidité requise pour satisfaire notre curiosité. En tout cas, ce que peut recueillir sur ce point notre expérience personnelle est fort incertain et l'interrogation demeure.

Nous voilà donc partis dès l'aurore d'un beau jour, en automobile, à bicyclette, à motocyclette, en canot, peu importe à l'événement qui se prépare; mais, pour préciser les images, prenons de préférence l'automobile ou la motocyclette qui sont de merveilleux instruments de détresse et qui interrogent le plus âprement la Fortune au grand jeu de la vie et de la mort. Tout à coup, sans motifs, au détour du chemin, au beau milieu de la longue et large route, au début d'une descente, ici ou là, à droite ou à gauche, saisissant le frein, la roue, la direction, barrant subitement tout l'espace sous l'apparence fallacieuse et parfaitement transparente d'un arbre, d'un mur, d'un rocher, d'un obstacle quelconque, voici face à face, surgissante, imprévue, énorme, immédiate, indubitable, inévitable, irrévocable, la Mort qui ferme d'un déclic l'horizon qu'elle laisse sans issue...

Aussitôt commence entre notre intelligence et notre instinct une passionnante, une interminable scène qui tient en une demi-seconde. L'attitude de l'intelligence, de la raison, de la conscience, comme il vous plaira de l'appeler, est extrêmement intéressante. Elle juge instantanément, sainement et logiquement que tout est perdu sans ressource. Pourtant elle ne s'affole ni ne s'épouvante. Elle se représente exactement la catastrophe, ses détails et ses conséquences, et constate avec satisfaction qu'elle n'a pas peur et garde sa lucidité. Entre la chute et le choc, elle a du temps de reste, elle muse, elle se distrait, elle trouve le loisir de penser à toute autre chose, d'évoquer des souvenirs, de faire des rapprochements, des remarques minimes et précises. L'arbre qu'on voit à travers la mort est un platane, il a trois trous dans son écorce diaprée... il est moins beau que celui du jardin... le rocher sur lequel le crâne s'écrasera a des veines de mica et de marbre bien blanc... Elle sent qu'elle n'est pas responsable, qu'on n'a nul reproche à lui faire; elle est presque souriante, elle goûte je ne sais quelle volupté ambiguë et attend l'inévitable avec une résignation adoucie où se mêle une prodigieuse curiosité.

Il est évident que si notre vie n'avait à compter que sur l'intervention de cet amateur indolent, trop logique et trop clairvoyant, tout accident finirait fatalement en catastrophe. Heureusement, prévenu par les nerfs qui tourbillonnent, perdent la tête et criaillent comme des enfante en démence, fruste, brutal, nu, musculeux, bousculant tout et saisissant d'un geste irrésistible les débris d'autorité et les chances de salut qui lui tombent sous la main, un autre personnage bondit sur la scène. On l'appelle l'Instinct, l'Inconscient, le Subconscient, que sais-je et qu'importe?—Où était-il, d'où sort-il? Il dormait quelque part ou s'occupait à d'obscures et ingrates besognes au fond des cavernes primitives de notre corps. Il en était naguère le roi incontesté; mais depuis quelque temps on le relègue dans les ténèbres basses, comme un parent pauvre, mal élevé, mal tenu et mal embouché, témoin gênant et souvenir désagréable de l'infortune originelle. On n'y pense, on n'y a plus recours qu'aux secondes éperdues des suprêmes angoisses. Par bonheur il est brave homme, sans amour-propre et sans rancune. Il sait d'ailleurs que tous ces ornements du haut desquels on le méprise sont éphémères, peu sérieux et qu'il est au fond le seul maître de la demeure humaine. D'un coup d'œil plus sûr, plus rapide que l'élan formidable du péril, il juge la situation, en démêle d'emblée tous les détails, toutes les issues, toutes les possibilités, et c'est, en un clin d'œil, un magnifique, un inoubliable, spectacle de force, de courage, de précision, de volonté, où la Vie invaincue saute au visage de la Mort invincible.

Au sens le plus strict, le plus minutieux du mot, le champion de l'existence, surgi comme le sauvage velu des légendes au secours de la princesse désespérée, opère des miracles. Avant tout, il a dans l'urgence une prérogative incomparable: il ignore la délibération, tous les obstacles qu'elle soulève, toutes les impossibilités qu'elle impose. Il n'accepte jamais le désastre, pas un instant n'admet l'inévitable, et sur le point d'être broyé, agit allégrement contre toute espérance, comme si le doute, l'inquiétude, la peur, le découragement étaient des notions absolument étrangères aux forces primitives qui l'animent. A travers un mur de granit, il n'aperçoit que le salut, pareil à un trou de lumière, et à force de le voir il le crée dans la pierre. Il ne renonce pas à arrêter une montagne qui se précipite. Il écarte un rocher, il s'élance sur un fil de fer, il se faufile entre deux colonnes qui mathématiquement ne pouvaient pas livrer passage. Parmi les arbres il choisit infailliblement le seul qui cédera parce qu'un ver invisible a rongé sa racine. Dans un fouillis de feuilles vaines il découvre l'unique branche forte qui surplombe l'abîme, et dans un chaos de porphyres aigus il semblera qu'il ait dressé par avance le lit de mousses et de fougères qui recevra le corps...

De l'autre côté du péril, la raison stupéfaite, pantelante, incrédule, un peu déconcertée, tourne la tête pour contempler une dernière fois l'invraisemblable; puis elle reprend, de droit, la direction, tandis que le bon sauvage, que nul ne songe à remercier, rentre en silence dans sa caverne.

Peut-être n'est-il pas étonnant que l'instinct nous sauve des grands dangers habituels et immémoriaux: l'eau, le feu, la chute, le choc, l'animal. Il y a là évidemment une accoutumance, une expérience atavique qui explique son habileté. Mais ce qui m'émerveille, c'est l'aisance, la promptitude avec lesquelles il se met au courant des inventions les plus complexes, les plus insolites de notre intelligence. Il suffit de lui montrer une bonne fois le mécanisme de la machine la plus imprévue,—quelque étrangère et inutile qu'elle soit à nos besoins réels et primitifs,—il comprend, et désormais, dans la nécessité, en connaîtra les derniers secrets et le maniement mieux que l'intelligence qui la construisit.

C'est pourquoi, si nouveau, si récent ou si formidable qu'en soit l'instrument, on peut affirmer qu'en principe, il n'y a pas de catastrophe inévitable. L'inconscient est toujours à la hauteur de toutes les situations imaginables. Entre les mâchoires de l'étau que referme la puissance de la mer ou de la montagne, on peut, on doit s'attendre à un mouvement décisif de l'instinct qui a des ressources aussi inépuisables que l'univers ou la nature au creux desquels il puise à même.

Pourtant, s'il faut tout dire, nous n'avons plus tous le même droit de compter sur son intervention souveraine. Il ne meurt, il ne boude, il ne se trompe jamais; mais bien des hommes le bannissent à de telles profondeurs, lui permettent si rarement de revoir un rayon de soleil, le perdent si totalement de vue, l'humilient si cruellement, le garrottent si étroitement que, dans l'affolement de l'urgence, ils ne savent plus où le trouver. Ils n'ont plus, matériellement, le temps de le prévenir ou de le délivrer au fond des oubliettes où ils l'ont enchaîné, et quand il monte enfin à la rescousse, plein de bonne volonté, ses outils à la main, le mal est fait, il est trop tard, la mort vient d'accomplir son œuvre.

Ces inégalités de l'instinct, qui tiennent plutôt, je suppose, à la promptitude de l'appel qu'à la qualité du secours, se manifestent dans tous les accidents. Mettez deux automobilistes en deux dangers parallèles, inéluctables et exactement identiques, un coup de volant inexplicable, on ne sait quel bond, quelle torsion, quel détour, quelle immobilité, quel prestige sauvera l'un, pendant que l'autre ira normalement et misérablement se briser sur l'obstacle. Dans une voiture, des six personnes qui l'occupent et qu'enveloppe strictement le même sort, trois feront le seul mouvement possible, illogique, imprévu et nécessaire, au lieu que les trois autres agiront trop intelligemment, à contre-sens. Je fus témoin, ou presque,—car si j'arrivai après l'accident, du moins en ai-je recueilli sur les lieux mêmes et parmi les réchappés, les impressions encore palpitantes,—je fus un jour témoin d'une de ces surprenantes manifestations de l'instinct. C'était à la descente de Gourdon, l'âpre petit village bien connu des touristes de Cannes et de Nice, perché, pour échapper aux Barbaresques, sur un rocher à pic, haut de plus de huit cents mètres. Il est de toutes parts inaccessible, nul chemin n'y mène, sauf une terrible route en lacet qui dévale entre deux abîmes. Une carriole surchargée de huit personnes parmi lesquelles une femme portant son enfant âgé de quelques semaines, descendait la voie périlleuse, quand le cheval prit peur, s'emballa et s'alla jeter dans le gouffre. Les voyageurs se sentirent rouler dans la mort, et la femme, d'un admirable geste d'amour maternel, voulant sauver l'enfant, le lança, au suprême moment, de l'autre côté de la carriole, où il tomba sur la route, tandis que tous les autres disparaissaient dans le précipice hérissé de rocs meurtriers. Or, par un miracle assez habituel quand il s'agit de vies humaines, les sept victimes, retenues à des broussailles, à de vagues branchages, n'eurent que d'insignifiantes égratignures, au lieu que le pauvre petit mourait sur le coup, le crâne défoncé par une pierre du chemin. Deux instincts contraires avaient ici lutté, et celui où s'était probablement mêlé une lueur de réflexion, avait fait le geste le plus maladroit. On parlera de chance, de guignon. Il n'est pas défendu d'évoquer ces mots mystérieux, pourvu qu'il demeure entendu qu'ils s'appliquent aux mystérieux mouvements de l'inconscient. Il est en effet préférable, chaque fois que la chose est possible, de reporter en nous la source d'un mystère; c'est restreindre d'autant le champ néfaste de l'erreur, du découragement, de l'impuissance.

Immédiatement, demandons-nous si nous pouvons sinon perfectionner l'instinct, que je crois toujours parfait, du moins le rappeler plus près de notre volonté, desserrer ses liens, lui rendre son aisance originelle. Cette question exigerait une étude spéciale. En attendant qu'on l'entreprenne, il paraît assez probable qu'en nous rapprochant habituellement, systématiquement des forces, des faits matériels, de tout ce qu'en un mot qui dit d'énormes choses nous nommons la nature, nous diminuons d'autant, chaque jour, la distance que l'instinct aura à parcourir pour nous venir en aide. Cette distance, encore inappréciable chez les sauvages, les simples et les humbles, augmente à chaque pas que fait notre éducation, notre civilisation. Je suis persuadé qu'on pourrait établir qu'un paysan, un ouvrier, même moins jeune, moins agile, surpris dans la même catastrophe que son propriétaire ou son patron, a deux ou trois chances de plus que celui-ci de s'en tirer indemne. En tout cas, il n'est pas d'accident dont la victime n'ait, *a priori*, tort. Il convient qu'elle se dise, ce qui est vrai au pied de la lettre, que tout autre, à sa place, aurait réchappé; par conséquent, la plupart des hasards qu'on se permet autour d'elle lui demeurent interdits. Son inconscient qui se confond ici avec son avenir n'est pas «en forme». Elle doit dorénavant se défier de sa chance. Elle est, au point de vue des grands périls, un *minus habens*, comme on disait en droit romain.

Il n'empêche, quand on considère l'inconsistance de notre corps, la puissance démesurée de tout ce qui l'entoure et le nombre de dangers où nous nous exposons, que notre chance comparée à celle des autres êtres vivants n'apparaisse prodigieuse. Parmi nos machines, nos appareils, nos poisons, nos feux, nos eaux, toutes les forces plus ou moins asservies mais toujours prêtes à la révolte, nous risquons notre vie vingt ou trente fois plus souvent que le cheval, par exemple, le bœuf ou le chien. Or, dans un accident de la rue ou de la route, dans une inondation, un tremblement de terre, un orage, un incendie, dans la chute d'un arbre ou d'une maison, l'animal sera presque toujours frappé de préférence à l'homme. Il est évident que la raison, l'expérience et l'inconscient mieux avisé de celui-ci le préservent dans une large mesure. Néanmoins, on dirait qu'il y a encore autre chose. Tous risques, tous hasards égaux et les parts faites à l'intelligence et à l'instinct plus adroit et plus sûr, il reste que la nature semble avoir peur de l'homme. Elle évite religieusement de toucher à ce corps si fragile; elle l'entoure d'une sorte de respect manifeste et inexplicable, et lorsque, par notre faute impérieuse, nous l'obligeons de nous blesser, elle nous fait le moins de mal possible.

NOTRE DEVOIR SOCIAL

Partons loyalement de la grande vérité: il n'y a, pour ceux qui possèdent, qu'un seul devoir certain: qui est de se dépouiller de ce qu'ils ont, de façon à se mettre en l'état de la masse qui n'a rien. Il est entendu, en toute conscience lucide, qu'il n'en existe pas de plus impérieux, mais on y reconnaît en même temps, qu'il est, par manque de courage, impossible de l'accomplir. Du reste, dans l'histoire héroïque des devoirs, même aux époques les plus ardentes, même à l'origine du christianisme et dans la plupart des ordres religieux qui cultivèrent expressément la pauvreté, c'est peut-être le seul qui n'ait jamais été entièrement rempli. Il importe donc, en s'occupant de nos devoirs subsidiaires, de ne point oublier que l'essentiel est sciemment éludé. Que cette vérité nous domine. Souvenons-nous que nous parlons dans son ombre, et que nos pas les plus hardis, les plus extrêmes, ne nous conduiront jamais au point où il faudrait que nous fussions d'abord.

Puisqu'il paraît qu'il s'agit là d'une impossibilité absolue autour de laquelle il est oiseux de s'étonner encore, acceptons la nature humaine telle qu'elle s'offre. Cherchons donc sur d'autres routes que la seule directe,— n'ayant pas la force de la parcourir,—ce qui, en attendant cette force, peut nourrir notre conscience. Il y a ainsi, pour ne plus parler de la grande, deux ou trois questions que se posent sans cesse les cœurs de bonne volonté. Que faire en l'état actuel de notre société? Faut-il se ranger, *a priori*, systématiquement, du côté de ceux qui la désorganisent ou dans le camp de ceux qui s'évertuent à en maintenir l'économie?—Est-il plus sage de ne point lier son choix, de défendre tour à tour ce qui semble raisonnable et opportun dans l'un et l'autre parti? Il est certain qu'une conscience sincère peut trouver ici ou là de quoi satisfaire son activité ou bercer ses reproches. C'est pourquoi, devant ce choix qui s'impose aujourd'hui à toute intelligence honnête, il n'est pas inutile de peser le pour et le contre plus simplement qu'on ne le pratique d'habitude, et comme le pourrait faire l'habitant désintéressé de quelque planète voisine.

Ne reprenons pas toutes les objections traditionnelles, mais seulement celles qui peuvent être assez sérieusement défendues. Nous rencontrons d'abord la plus ancienne qui soutient que l'inégalité est inévitable, étant conforme aux lois de la nature. Il est vrai; mais l'espèce humaine paraît assez vraisemblablement créée pour s'élever au-dessus de certaines lois de la nature. Si elle renonçait à surmonter plusieurs de ces lois, son existence même serait remise en péril. Il est conforme à sa nature particulière d'obéir à d'autres lois que celle de sa nature animale, etc. Du reste, l'objection est dès longtemps classée parmi celles dont le principe est insoutenable et mènerait au massacre des faibles, des malades, des vieillards, etc.

On dit ensuite qu'il est bon, pour hâter le triomphe de la justice, que les meilleurs ne se dépouillent pas prématurément de leurs armes dont les plus efficaces sont précisément la richesse et le loisir. On reconnaît suffisamment ici la nécessité du grand sacrifice, et l'on ne met en question que son opportunité. Soit; à condition qu'il demeure bien convenu que ces richesses et ce loisir servent uniquement à hâter les pas de la justice.

Un autre argument conservateur, digne d'attention, affirme que le premier devoir de l'homme étant d'éviter la violence et l'effusion du sang, il est indispensable que l'évolution sociale ne soit pas trop rapide, qu'elle mûrisse lentement, qu'il importe de la tempérer en attendant que la masse s'éclaire et soit portée graduellement et sans dangereuses secousses vers une liberté et une plénitude de biens qui, en ce moment, ne déchaîneraient que ses pires instincts. Il est encore vrai; néanmoins il serait intéressant de calculer,—puisqu'on n'arrive au mieux que par le mal,—si les maux d'une révolution brusque, radicale et sanglante l'emportent sur les maux qui se perpétuent dans l'évolution lente. Il conviendrait de se demander s'il n'y a pas avantage à agir au plus vite; si tout compte fait, les souffrances silencieuses de ceux qui attendent dans l'injustice ne sont pas plus graves que celles que subiront durant quelques semaines ou quelques mois les privilégiés d'aujourd'hui. On oublie volontiers que les bourreaux de la misère sont moins bruyants, moins scéniques, mais infiniment plus nombreux, plus cruels, plus actifs que ceux des plus affreuses révolutions.

Enfin, dernier argument et peut-être le plus troublant: l'humanité, déclare-t-on, depuis plus d'un siècle parcourt les années les plus fécondes, les plus victorieuses, les années probablement climatériques de sa destinée. Elle semble, à considérer le passé, dans la phase décisive de son évolution. On croirait, à certains indices, qu'elle est près d'atteindre son apogée. Elle traverse une période d'inspiration à laquelle nulle autre ne se peut historiquement comparer. Un rien, un dernier effort, un trait de lumière qui reliera ou soulignera les découvertes, les intuitions éparses ou en suspens, la sépare seule peut-être des grands mystères. Elle vient d'aborder des problèmes dont la solution, aux dépens de l'ennemi héréditaire, c'est-à-dire du grand inconnu de l'univers, rendrait vraisemblablement inutiles tous les sacrifices que la justice exige des hommes. N'est-il pas dangereux d'arrêter cet élan, de troubler cette minute précieuse, précaire et suprême? En admettant même que ce qui est acquis ne se puisse plus perdre comme dans les bouleversements antérieurs, il est néanmoins à craindre que l'énorme désorganisation exigée par l'équité mette brusquement fin à cette période heureuse; et il n'est pas indubitable qu'elle renaisse de longtemps, les lois qui président à l'inspiration du génie de l'espèce étant aussi capricieuses, aussi instables que celles qui président à l'inspiration du génie de l'individu.

C'est peut-être, comme je l'ai dit, l'argument le plus inquiétant. Mais, sans doute, attache-t-il trop d'importance à un danger assez incertain. Au surplus, il y aura à cette brève interruption de la victoire humaine, de prodigieuses compensations. Pouvons-nous prévoir ce qu'il adviendra lorsque l'humanité entière prendra part au labeur intellectuel qui est le labeur propre à notre espèce? Aujourd'hui, c'est à peine si un cerveau sur cent mille se trouve dans des conditions pleinement favorables à son activité. Il se fait en ce moment un monstrueux gaspillage de forces spirituelles. L'oisiveté endort par en haut autant d'énergies mentales que l'excès de travail manuel en éteint par en bas. Incontestablement, quand il sera donné à tous de se mettre à la tâche à présent réservée à quelques élus du hasard, l'humanité multipliera des milliers de fois ses chances d'arriver au grand but mystérieux.

Voilà, je pense, le meilleur du pour et du contre, les raisons les plus raisonnables que puissent invoquer ceux qui n'ont point hâte d'en finir. Au milieu de ces raisons se dresse l'énorme monolithe de l'injustice. Il est inutile de lui prêter une voix. Il oppresse les consciences, il borne les intelligences. Aussi ne saurait-il être question de ne le point détruire; on demande seulement à ceux qui le veulent renverser quelques années de patience, afin qu'après avoir déblayé ses entours, sa chute entraîne de moindres désastres. Faut-il accorder ces années et parmi ces motifs de hâte ou d'attente, quel sera donc le choix de la meilleure foi?

Les arguments qui demandent quelques années de répit vous semblent-ils suffisants? Ils sont assez précaires; mais encore ne serait-il pas juste de les condamner sans considérer le problème d'un point plus élevé que la raison pure. Ce point doit toujours être recherché dès qu'il s'agit de questions qui débordent l'expérience humaine. On pourrait fort bien soutenir, par exemple, que le choix ne saurait être le même pour tous. L'espèce, qui a probablement de ses destinées une conscience infinie qu'aucun individu ne peut saisir, aurait très sagement réparti entre les hommes les rôles qui leur conviennent dans le haut drame de son évolution. Pour des motifs que nous ne comprenons pas toujours, il est sans doute nécessaire qu'elle progresse lentement; c'est pourquoi l'énorme masse de son corps l'attache au passé et au présent, et de très loyales intelligences peuvent se trouver dans cette masse, comme il est possible à de très médiocres de s'en évader. Qu'il y ait satisfaction ou mécontentement désintéressé du côté de l'ombre ou de la lumière, peu importe: c'est souvent une question de prédestination et de distribution de rôles plutôt que d'examen. Quoi qu'il en soit, ce serait pour nous, dont la raison juge déjà la faiblesse des arguments du passé, un motif nouveau d'impatience. Admettons-en, par surcroît, la force très plausible. Il suffit donc qu'aujourd'hui ne nous satisfasse point, pour que nous ayons le devoir, pour ainsi dire organique, de détruire tout ce qui le soutient, afin de préparer l'arrivée de demain. Alors même que nous verrions fort nettement les dangers et les inconvénients d'une trop prompte évolution, il est requis, pour que nous remplissions fidèlement la fonction assignée par le génie de l'espèce, que nous passions outre à toute patience, à toute circonspection. Dans l'atmosphère sociale, nous représentons l'oxygène, et si nous nous y conduisons comme l'azote inerte, nous trahissons la mission que nous a confiée la nature, ce qui, dans l'échelle des crimes qui nous restent, est la plus grave et la plus impardonnable des forfaitures. Nous n'avons pas à nous préoccuper des conséquences souvent fâcheuses de notre hâte; cela n'est pas écrit dans notre rôle, et en tenir compte, serait ajouter à ce rôle des mots infidèles qui ne se trouvent point dans le texte authentique dicté par la nature. L'humanité nous a désignés pour accueillir ce qui s'élève à l'horizon. Elle nous a donné une consigne qu'il ne nous appartient pas de discuter. Elle répartit ses forces comme bon lui semble. A tous les carrefours de la route qui mène à l'avenir, elle a mis, contre chacun de nous, dix mille hommes qui gardent le passé; ne craignons donc point que les plus belles tours d'autrefois ne soient pas suffisamment défendues. Nous ne sommes que trop naturellement enclins à temporiser, à nous attendrir sur des ruines inévitables; c'est notre plus grand tort. Le moins que puissent faire les plus timorés d'entre nous,—et ils sont déjà bien près de trahir,—c'est de ne point ajouter à l'immense poids mort que traîne la nature. Mais que les autres suivent aveuglément l'élan intime de la puissance qui les pousse plus outre. Quand bien même leur raison n'approuverait aucune des mesures extrêmes auxquelles ils prennent part, qu'ils agissent et espèrent par delà leur raison; car, en toutes choses, à cause de l'appel de la terre, il faut viser plus haut que le but qu'on aspire à atteindre.

Ne craignons pas d'être entraînés trop loin; et que nulle réflexion, quelque juste qu'elle soit, ne brise ou tempère notre ardeur. Nos excès d'avenir sont nécessaires à l'équilibre de la vie. Assez d'hommes autour de nous ont le devoir exclusif, la mission très précise d'éteindre les feux que nous allumons. Allons toujours aux lieux les plus extrêmes de nos pensées, de nos espoirs et de notre justice. Ne nous persuadons pas que ces efforts ne sont imposés qu'aux meilleurs; il n'en est rien, et les plus humbles d'entre nous qui pressentent une aurore qu'ils ne comprennent pas, doivent l'attendre tout au haut d'eux-mêmes. Leur présence sur ces sommets intermédiaires remplira de substance vivante l'intervalle dangereux des premiers aux derniers et maintiendra les communications indispensables entre l'avant-garde et la masse.

Songeons parfois au grand vaisseau invisible qui porte sur l'éternité nos destinées humaines. Il a, comme les vaisseaux de nos océans limités, ses voiles et son lest. Si l'on craint qu'il roule ou qu'il tangue au sortir de la rade, ce n'est pas une raison pour augmenter le poids du lest en descendant à fond de cale les belles voiles blanches. Elles ne furent pas tissées pour moisir dans l'obscurité à côté des pierres du chemin. Le lest, on en trouve partout; tous les cailloux du port, tout le sable des plages y est propre. Mais les voiles sont rares et précieuses; leur place n'est point dans les ténèbres des sentines, mais parmi la lumière des hauts mâts où elles recueilleront les souffles de l'espace.

Ne nous disons pas: c'est dans la mesure, dans l'honnête moyenne que se trouve toujours la meilleure vérité. Cela serait peut-être vrai, si la plupart des hommes ne pensaient, n'espéraient beaucoup plus bas qu'il ne convient. C'est pourquoi il est nécessaire que les autres pensent et espèrent plus haut qu'il ne paraît raisonnable. La moyenne, l'honnête moyenne d'aujourd'hui sera prochainement ce qu'il y aura de moins humain. Je trouve, au hasard d'une récente lecture, dans la vieille chronique flamande de Marcus van Warnewyck, un curieux exemple de cette excellente opinion du bon sens ou plutôt du sens commun et du juste milieu. Marcus van Warnewyck était un riche bourgeois de Gand, lettré et extrêmement sage. Il nous a laissé le journal minutieux de tous les événements qui se déroulèrent dans sa ville natale, de 1566 à 1568, c'est-à-dire du premier délire des iconoclastes, à la terrible répression du duc d'Albe. Ce qu'il convient d'admirer dans ce récit authentique et savoureux, ce n'est pas tant la vive couleur, la précision pittoresque des moindres tableaux: pendaisons, scènes de bûchers, tortures, émeutes, batailles, prêches, etc., pareils à des Breughels, que la sereine et limpide impartialité du narrateur. Catholique fervent, il blâme d'une plume égale et modérée les excès des Réformés et des Espagnols. Il est le juge incorruptible, le juste par excellence. Il représente vraiment la suprême sagesse pratique et pondérée, la meilleure volonté, l'humanité la plus raisonnable, la plus saine, l'indulgence, la pitié la mieux équilibrée, la plus éclairée de son temps. Il se permet parfois de trouver regrettable que tant de supplices soient nécessaires. Il semble estimer, sans oser ouvertement soutenir une opinion aussi paradoxale, qu'il ne serait peut-être pas indispensable de brûler un si grand nombre d'hérétiques. Mais il ne paraît pas se douter un instant qu'il serait préférable de n'en point brûler du tout. Cette opinion est si extravagante, se trouve à de telles extrémités de la pensée humaine, qu'elle ne lui vient même pas à l'esprit, qu'elle n'est pas encore visible à l'horizon ou aux sommets de l'intelligence de son époque. C'est pourtant l'humble opinion moyenne d'aujourd'hui. N'en va-t-il pas de même, en ce moment, dans nos questions irrésolues du mariage, de l'amour, des religions, de l'autorité, de la guerre, de la justice, etc.? L'humanité n'a-t-elle pas encore assez vécu pour qu'elle se rende compte que c'est toujours l'idée extrême, c'est-à-dire la plus haute, celle du sommet de la pensée qui a raison? En ce moment, l'opinion la plus raisonnable au sujet de notre question sociale, nous invite à faire tout le possible afin de diminuer peu à peu les inégalités inévitables et répartir plus équitablement le bonheur. L'opinion extrême exige sur l'heure le partage intégral, la suppression de la propriété, le travail obligatoire, etc. Nous ne savons pas encore comment se réaliseront ces exigences; mais il est d'ores et déjà certain que de très simples circonstances les feront paraître un jour aussi naturelles que la suppression du droit d'aînesse ou des privilèges de la noblesse. Il importe, en ces questions d'une durée d'espèce et non de peuple ou d'individu, de ne point se limiter à l'expérience de l'histoire. Ce qu'elle confirme et ce qu'elle dément s'agite dans un cercle insignifiant. La vérité ici se trouve bien moins dans la raison, toujours tournée vers le passé, que dans l'imagination qui voit plus loin que l'avenir.

Que notre raison s'efforce donc de monter plus haut que l'expérience. C'est facile aux jeunes gens, mais il est salutaire que l'âge mûr et la vieillesse apprennent à s'élever à l'ignorance lumineuse de la jeunesse. Nous devons, à mesure que s'écoulent nos années, nous prémunir contre les dangers que font courir à notre confiance, le grand nombre d'hommes malfaisants que nous avons rencontrés. Continuons, malgré tout, d'agir, d'aimer et d'espérer comme si nous avions affaire à une humanité idéale. Cet idéal n'est qu'une réalité plus vaste que celle que nous voyons. Les fautes des individus n'altèrent pas davantage la pureté et l'innocence générales, que les vagues de la surface, vues d'une certaine hauteur, ne troublent, au dire des aéronautes, la limpidité profonde de la mer.

N'écoutons que l'expérience qui nous pousse en avant; elle est toujours plus haute que celle qui nous retient ou nous rejette en arrière. Repoussons tous les conseils du passé qui ne nous tournent pas vers l'avenir. C'est ce que comprirent admirablement, et pour la première fois peut-être dans l'histoire, certains hommes de la Révolution; et c'est pourquoi cette Révolution est celle qui fit les plus grandes choses et les plus durables. Ici, cette expérience nous enseigne qu'au rebours de ce qui a lieu dans les choses de vie journalière, il importe avant tout de détruire. En tout progrès social, le grand travail, et le seul difficile, c'est la destruction du passé. Nous n'avons pas à nous soucier de ce que nous mettrons à la place des ruines. La force des choses et de la vie se chargera de reconstruire. Elle n'a même que trop de hâte à réédifier, et il ne serait pas bon de l'aider dans sa tâche précipitée. N'hésitons donc point à user jusqu'à l'excès de nos forces destructives: les neuf dixièmes de la violence de nos coups se perdent parmi l'inertie de la masse; comme le choc du plus lourd marteau se disperse dans une grosse pierre et devient pour ainsi dire insensible à la main de l'enfant qui soutient celle-ci.

Et ne redoutons pas qu'on puisse aller trop vite. Si, à certaines heures, on semble brûler dangereusement les étapes, c'est pour balancer des retardements injustifiés et rattraper le temps perdu durant des siècles inactifs. L'évolution de notre univers continue pendant ces périodes d'inertie, et il est probablement nécessaire que l'humanité se trouve à tel point déterminé de son ascension au moment de tel phénomène sidéral, de telle crise obscure de la planète ou même de la naissance de tel homme. C'est l'instinct de l'espèce qui décide de ces choses, c'est son destin qui parle; et si cet instinct ou ce destin se trompe, il ne nous appartient pas d'intervenir, car tout contrôle cesse; nous sommes au bout et au sommet de nous-mêmes; et plus haut, il n'y a plus rien qui puisse corriger notre erreur.

L'IMMORTALITÉ

I

En cette ère nouvelle où nous entrons et où les religions ne répondent plus aux grandes questions de l'humanité, un des problèmes sur quoi l'on s'interroge avec le plus d'inquiétude est celui de la vie d'outre-tombe. Tout finit-il à la mort? Y a-t-il une survie imaginable? Où allons-nous, que devenons-nous? Qu'est-ce qui nous attend de l'autre côté de l'illusion fragile qu'on appelle l'existence? A la minute où s'arrête notre cœur, est-ce la matière ou l'esprit qui triomphe, la lumière éternelle ou les ténèbres sans fin qui commencent?

Comme tout ce qui existe, nous sommes impérissables. Nous ne pouvons concevoir que quelque chose se perde dans l'univers. A côté de l'infini, il est impossible d'imaginer un néant où un atome de matière puisse tomber et s'anéantir. Tout ce qui est sera éternellement, tout est, et il n'est rien qui ne soit point. Sinon, il faudrait croire que notre cerveau n'a rien de commun avec l'univers qu'il s'efforce de concevoir. Il faudrait même se dire qu'il fonctionne au rebours de celui-ci, ce qui n'est guère probable, puisqu'après tout, il n'en peut être qu'une sorte de reflet.

Ce qui semble périr ou du moins disparaître et se succéder, c'est les formes et les modes sous lesquels nous percevons la matière impérissable; mais nous ignorons à quelles réalités répondent ces apparences. Elles sont le tissu du bandeau qui, posé sur nos yeux, donne à ceux-ci, sous la pression qui les aveugle, toutes les images de notre vie. Ce bandeau enlevé, que reste-t-il? Entrons-nous dans la réalité qui existe indubitablement par delà; ou bien les apparences même cessent-elles pour nous d'exister?...

II

Que le néant soit impossible, qu'après notre mort tout subsiste en soi et que rien ne périsse: voilà qui ne nous intéresse guère. Le seul point qui nous touche, en cette persistance éternelle, c'est le sort de cette petite partie de notre vie qui percevait les phénomènes durant notre existence. Nous l'appelons notre conscience ou notre moi. Ce moi, tel que nous le concevons quand nous réfléchissons aux suites de sa destruction, n'est ni notre esprit ni notre corps, puisque nous reconnaissons qu'ils sont l'un et l'autre des flots qui s'écoulent et se renouvellent sans cesse. Est-ce un point immuable qui ne saurait être la forme ni la substance, toujours en évolution, ni la vie cause ou effet de la forme et de la substance? En vérité, il nous est impossible de le saisir ou de le définir, de dire où il réside. Lorsqu'on veut remonter jusqu'à sa dernière source, on ne trouve guère qu'une suite de souvenirs, une série d'idées d'ailleurs confuses, et variables, se rattachant au même instinct de vivre; une série d'habitudes de notre sensibilité et de réactions conscientes ou inconscientes contre les phénomènes environnants. En somme, le point le plus fixe de cette nébuleuse est notre mémoire, qui semble d'autre part une faculté assez extérieure, assez accessoire, en tout cas, une des plus fragiles de notre cerveau, une de celles qui disparaissent le plus promptement au moindre trouble de notre santé. «Cela même, a dit très justement un poète anglais, qui demande à grands cris l'éternité, est ce qui périra en moi.»

III

Il n'importe; ce moi, si incertain, si insaisissable, si fugitif et si précaire, est tellement le centre de notre être, nous intéresse si exclusivement, que toutes les réalités de notre vie s'effacent devant ce fantôme. Il nous est absolument indifférent que durant l'éternité, notre corps ou sa substance connaisse tous les bonheurs et toutes les gloires, subisse les transformations les plus magnifiques et les plus délicieuses, devienne fleur, parfum, beauté, lumière, éther, étoile: il nous est pareillement indifférent que notre intelligence s'épanouisse jusqu'à se mêler à la vie des mondes, à la comprendre et à la dominer. Notre instinct est persuadé que tout cela ne nous touchera pas, ne nous fera aucun plaisir, ne nous arrivera pas à nous-mêmes, à moins que cette mémoire de quelques faits, presque toujours insignifiants, ne nous accompagne et ne soit témoin de ces bonheurs inimaginables. Il m'est égal que les parties les plus hautes, les plus libres, les plus belles de mon esprit soient éternellement vivantes et lumineuses dans les suprêmes allégresses; elles ne sont plus à moi, je ne les connais plus. La mort a tranché le réseau de nerfs ou de souvenirs qui les rattachait à je ne sais quel centre où se trouve le point que je sens être tout moi-même. Déliées ainsi et flottant dans l'espace et le temps, leur sort m'est aussi étranger que celui des plus lointaines étoiles. Tout ce qui advient n'existe pour moi qu'à la condition que je puisse le ramener en cet être mystérieux, qui est je ne sais où et précisément nulle part; que je promène comme un miroir par ce monde dont les phénomènes ne prennent corps qu'autant qu'ils s'y sont reflétés.

IV

Ainsi, notre désir d'immortalité se détruit en se formulant, attendu que c'est sur une des parties accessoires et des plus fugaces de notre vie totale, que nous fondons tout l'intérêt de notre survie. Il nous semble que si notre existence ne se continue pas avec la plupart des misères, des petitesses et des défauts qui la caractérisent, rien ne la distinguera de celle des autres êtres; qu'elle deviendra une goutte d'ignorance dans l'océan de l'inconnu, et que dès lors, tout ce qui s'en suivra ne nous regarde plus.

Quelle immortalité peut-on promettre aux hommes qui presque nécessairement la conçoivent ainsi? Qu'y faire? nous dit un instinct puéril mais profond. Toute immortalité qui ne traîne pas à travers l'éternité, comme le boulet du forçat que nous fûmes, cette bizarre conscience formée durant quelques années de mouvement, toute immortalité qui ne porte pas ce signe indélébile de notre identité, est pour nous comme si elle n'était point. La plupart des religions l'ont bien compris, qui ont tenu compte de cet instinct qui désire et détruit en même temps la survie. C'est ainsi que l'église catholique, remontant jusqu'aux espérances les plus primitives, nous garantit non seulement le maintien intégral de notre moi terrestre, mais même la résurrection dans notre propre chair.

Voilà le centre de l'énigme. Cette petite conscience, ce sentiment d'un moi spécial, presque enfantin et en tout cas extraordinairement borné, infirmité probable de notre intelligence actuelle, exiger qu'il nous accompagne dans l'infini des temps pour que nous comprenions celui-ci, que nous en jouissions, n'est-ce pas vouloir percevoir un objet à l'aide d'un organe qui n'est pas destiné à le percevoir? N'est-ce pas demander que notre main découvre la lumière ou que notre œil soit sensible aux parfums? N'est-ce pas, d'autre part, agir comme un malade qui, pour se retrouver, être sûr qu'il est bien lui-même, croirait qu'il est nécessaire de continuer sa maladie dans la santé et dans la suite illimitée des jours? La comparaison est d'ailleurs plus exacte que ne l'est d'habitude une comparaison. Représentez-vous un aveugle en même temps paralytique et sourd. Il est en cet état depuis sa naissance et vient d'atteindre sa trentième année. Qu'auront brodé les heures sur le tissu sans images de cette pauvre vie? Le malheureux doit avoir recueilli au fond de sa mémoire, à défaut d'autres souvenirs, quelques chétives sensations de chaud et de froid, de fatigue et de repos, de douleurs physiques plus ou moins vives, de soif et de faim. Il est probable que toutes les joies humaines, toutes les espérances et tous les songes de l'idéal et de nos paradis, se réduiront pour lui au bien-être confus qui suit l'apaisement d'une douleur. Voilà donc la seule armature possible de cette conscience et de ce moi. L'intelligence n'ayant jamais été sollicitée du dehors, dormira profondément en s'ignorant elle-même. Néanmoins, le misérable aura sa petite vie à quoi il tiendra par des liens aussi étroits, aussi ardents que le plus heureux des hommes. Il redoutera la mort; et l'idée d'entrer dans l'éternité sans y emporter les émotions et les souvenirs de son grabat, de ses ténèbres et de son silence, le plongera dans le désespoir où nous plonge la pensée d'abandonner pour les glaces et la nuit de la tombe une vie de gloire, de lumière et d'amour.

V

Supposons qu'un miracle anime tout à coup ses yeux et ses oreilles, lui révèle, par la fenêtre ouverte au chevet de son lit, l'aurore sur la campagne, le chant des oiseaux dans les arbres, le murmure du vent dans les feuilles et de l'eau sur les rives, l'appel transparent des voix humaines parmi les collines matinales. Supposons encore que le même miracle, achevant son œuvre, lui donne l'usage de ses membres. Il se lève, il tend les bras à ce prodige qui pour lui n'a pas encore de vraisemblance ni de nom: la lumière! Il ouvre la porte, chancelle parmi les éblouissements et tout son corps se fond en toutes ces merveilles. Il entre dans une vie indicible, dans un ciel qu'aucun rêve n'avait su pressentir; et, par un caprice fort admissible en ces sortes de guérisons, la santé en l'introduisant dans cette existence inconcevable et inintelligible, efface en lui tout souvenir des jours passés.

Quel sera l'état de ce moi, de ce foyer central, réceptacle de toutes nos sensations, lieu où converge tout ce qui appartient en propre à notre vie, point suprême, point «égotique» de notre être, si l'on peut hasarder ce néologisme? La mémoire abolie, retrouvera-t-il en lui quelques traces de l'homme antérieur? Une force nouvelle, l'intelligence, s'éveillant et déployant soudain une activité inouïe, quel rapport cette intelligence gardera-t-elle avec le germe inerte et sombre d'où elle s'est élevée? A quels angles de son passé se raccrochera-t-il pour se continuer? Et cependant, ne subsistera-t-il pas en lui quelque sentiment ou quelque instinct, indépendant de la mémoire, de l'intelligence et de je ne sais quelles autres facultés, qui lui fera reconnaître que c'est bien en lui que vient d'éclater le miracle libérateur, que c'est bien sa vie et non celle de son voisin, transformée, méconnaissable, mais substantiellement identique, qui sortie des ténèbres et du silence, se prolonge dans la lumière et l'harmonie? Pouvons-nous imaginer le désarroi, les flux et reflux de cette conscience affolée? Savons-nous de quelle façon le moi d'hier s'unira au moi d'aujourd'hui, et comment le point «égotique», le point sensible de la personnalité, le seul que nous tenions à conserver intact, se comportera dans ces délires et ces bouleversements?

Essayons d'abord de répondre avec une précision suffisante à cette question qui est du domaine de notre vie actuelle et visible; et si nous ne pouvons le faire, comment espérer de résoudre l'autre problème qui se dresse devant tout homme à l'instant de la mort?

VI

Ce point sensible où se résume tout le problème, car il est le seul en question; et à la réserve de ce qui le concerne, l'immortalité est certaine, ce point mystérieux, auquel, en présence de la mort, nous attachons un tel prix, il est assez étrange que nous le perdions à tout moment dans la vie sans éprouver la moindre inquiétude. Non seulement chaque nuit il s'anéantit dans notre sommeil, mais même à l'état de veille, il est à la merci d'une foule d'accidents. Une blessure, un choc, une indisposition, quelques verres d'alcool, un peu d'opium, un peu de fumée suffit à l'effacer. Même quand rien ne l'altère, il n'est pas constamment sensible. Il faut souvent un effort, un retour sur nous-mêmes pour le ressaisir, pour prendre conscience que tel ou tel événement nous advient. A la moindre distraction, un bonheur passe à côté de nous, sans nous toucher, sans nous livrer le plaisir qu'il renferme. On dirait que les fonctions de cet organe par quoi nous goûtons la vie et la rapportons à nous-mêmes, sont intermittentes, et que la présence de notre moi, excepté dans la douleur, n'est qu'une suite rapide et perpétuelle de départs et de retours. Ce qui nous tranquillise, c'est qu'au réveil, après la blessure, le choc, la distraction, nous nous croyons sûrs de le retrouver intact, au lieu que nous nous persuadons, tant nous le sentons fragile, qu'il doit à jamais disparaître dans l'effroyable secousse qui sépare la vie de la mort.

VII

Une première vérité, en en attendant d'autres que l'avenir dévoilera sans doute, c'est qu'en ces questions de vie et de mort, notre imagination est demeurée bien enfantine. Presque partout ailleurs, elle précède la raison; mais ici elle s'attarde encore aux jeux des premiers âges. Elle s'entoure des rêves et des désirs barbares dont elle berçait les craintes et les espérances de l'homme des cavernes. Elle demande des choses impossibles, parce qu'elles sont trop petites. Elle réclame des privilèges qui, obtenus, seraient plus redoutables que les plus énormes désastres dont nous menace le néant. Pouvons-nous penser sans frémir à une éternité enfermée tout entière en notre infime conscience actuelle? Et voyez comme en tout ceci nous obéissons aux caprices illogiques de celle qu'on appelait autrefois la «folle du logis». Qui de nous, s'il s'endormait ce soir, avec la certitude scientifique et expérimentale de se réveiller dans cent ans, tel qu'il est aujourd'hui et dans son corps intact, même à la condition de perdre tout souvenir de sa vie antérieure (ces souvenirs ne seraient-ils pas inutiles?), qui de nous n'accueillerait ce sommeil séculaire avec la même confiance que le doux et bref sommeil de chaque nuit? Loin de la redouter, beaucoup n'accourraient-ils pas à cette épreuve avec une curiosité empressée? Ne verrait-on pas bien des hommes assaillir de leurs prières le dispensateur du sommeil féerique et implorer comme une grâce ce qu'ils croiraient un miraculeux prolongement de leur vie? Pourtant, durant ce sommeil, que resterait-il, et à leur réveil, que retrouveraient-ils d'eux-mêmes? Quel lien, au moment où ils ferment les yeux, les rattacherait à l'être qui doit se réveiller sans souvenirs, inconnu, dans un monde nouveau? Néanmoins, leur consentement et toutes leurs espérances à l'entrée de la longue nuit, dépendraient de ce lien qui n'existerait pas. Il n'y a, en effet, entre la mort véritable et ce sommeil que la différence de ce réveil retardé d'un siècle, réveil aussi étranger à celui qui s'était endormi que le serait la naissance d'un enfant posthume.

VIII

D'autre part, comment répondons-nous à la question quand il ne s'agit plus de nous, mais de ce qui respire avec nous sur la terre? Avons-nous souci, par exemple, de la survie des animaux? Le chien, le plus fidèle, le plus affectueux, le plus intelligent, dès qu'il est mort, n'est plus qu'un répugnant débris dont nous nous débarrassons au plus vite. Il ne nous paraît même pas possible de nous demander si quelque chose de la vie déjà spirituelle que nous avons aimée en lui subsiste ailleurs que dans notre souvenir, et s'il existe un autre monde pour les chiens. Il nous semblerait assez ridicule que le temps et l'espace conservassent précieusement, durant l'éternité, parmi les astres et dans les palais sans bornes de l'éther, l'âme d'un pauvre animal, faite de cinq ou six habitudes touchantes mais bien naïves, et du désir de boire, de manger, de dormir au chaud et de saluer ses pareils de la manière que l'on sait. Que resterait-il d'ailleurs de cette âme formée tout entière de quelques besoins d'un corps rudimentaire, lorsque ce corps ne serait plus? Mais de quel droit imaginons-nous, entre nous et l'animal, un abîme qui n'existe même pas du minéral au végétal, du végétal à l'animal? C'est ce droit à nous croire si loin, si différent de tout ce qui vit sur la terre; c'est cette prétention à nous mettre dans une catégorie et dans un règne où les dieux mêmes que nous avons créés n'auraient pas toujours accès, qu'il faudrait examiner tout d'abord.

IX

On ne saurait exposer tous les paralogismes de notre imagination sur le point qui nous occupe. Ainsi, nous nous résignons assez facilement à la dissolution de notre corps dans le tombeau. Nous ne tenons nullement à ce qu'il nous accompagne dans l'infini des temps. A y réfléchir, nous serions même chagriné qu'il nous y escortât avec ses inévitables misères, ses tares, ses laideurs, et ses ridicules. Ce que nous entendons y conduire, c'est notre âme. Mais que répondrons-nous à qui nous demande s'il est possible de concevoir que cette âme soit autre chose que l'ensemble de nos facultés intellectuelles et morales, jointes, si l'on veut, pour faire pleine mesure, à toutes celles qui ressortissent à l'instinct, à l'inconscient, au subconscient? Or, lorsqu'aux approches de la vieillesse, nous voyons s'affaiblir, soit en nous, soit dans les autres, ces mêmes facultés, nous ne nous inquiétons, nous ne nous désespérons pas plus que nous ne nous inquiétons ou désespérons quand il s'agit de la lente décadence des forces corporelles. Nous gardons intact notre espoir confus de survie. Il nous semble tout naturel que l'état des unes dépende de l'état des autres. Lors même que les premières sont complètement abolies dans un être que nous aimons, nous ne croyons pas l'avoir perdu, ni qu'il ait, lui, perdu son moi, sa personnalité morale, dont cependant rien ne subsiste. Nous ne pleurerions pas sa perte, nous ne croirions pas qu'il n'est plus, si la mort conservait ces facultés dans leur état d'anéantissement. Mais si nous n'attachons pas une importance capitale à la dissolution de notre corps dans la tombe, ni à la dissolution de nos facultés intellectuelles durant la vie, que demandons-nous à la mort d'épargner; et de quel rêve irréalisable exigeons-nous la réalisation?

X

En vérité, nous ne pouvons, du moins pour l'instant, imaginer une réponse acceptable à la question de l'immortalité. Pourquoi s'en étonner? Voici ma lampe sur ma table. Elle ne renferme aucun mystère; c'est l'objet le plus ancien, le plus connu et le plus familier de la maison. J'y vois de l'huile, une mèche, une cheminée de verre; et tout cela forme de la lumière. L'énigme ne commence qu'au moment où je me demande ce qu'est cette lumière, d'où elle vient quand je l'appelle, où elle va quand je l'éteins. Et tout de suite, autour de ce petit objet que je soulève, que je démonte et que je pourrais avoir façonné de mes mains, l'énigme est insondable. Assemblez autour de ma table tous les hommes qui vivent sur cette terre, pas un seul ne pourra nous dire ce qu'est en soi cette flamme légère qu'à mon gré je fais naître ou mourir. Et si l'un d'eux hasarde une de ces définitions appelées scientifiques, chacun des mots de la définition multipliera l'inconnu et ouvrira de toutes parts des portes imprévues sur la nuit infinie. Si nous ignorons tout de l'essence, du destin, de la vie d'un peu de clarté familière dont tous les éléments furent créés par nous, dont la source, les causes prochaines et les effets tiennent dans une coupe de porcelaine, comment espérer de pénétrer l'incompris d'une vie dont les éléments les plus simples sont situés à des millions d'années, à des milliards de lieues de notre intelligence?

XI

Depuis qu'elle existe, l'humanité n'a pas avancé d'un pas sur la route du mystère que nous méditons. Toute question que nous nous posons à son sujet, ne touche plus, par aucun côté, semble-t-il, à la sphère dans laquelle notre intelligence s'est formée et se meut. Il n'y a peut-être aucun rapport possible ou imaginable entre l'organe qui pose la question et la réalité qui devrait y répondre. Les plus actives et les plus rigoureuses recherches de ces dernières années ne nous ont rien appris. De savantes et consciencieuses sociétés psychiques, notamment en Angleterre, ont réuni un imposant ensemble de faits qui tendent à prouver que la vie de l'être spirituel ou nerveux peut continuer pendant un certain temps après la mort de l'être matériel. Admettons que ces faits soient incontestables et scientifiquement établis; ils déplaceraient simplement de quelques lignes, de quelques heures, le commencement du mystère. Si le fantôme d'une personne aimée, reconnaissable et apparemment si vivant que je lui adresse la parole, entre ce soir dans ma chambre à la minute même où la vie se sépare du corps qui gît à mille lieues de l'endroit où je me trouve, cela, sans doute, est bien étrange dans un monde dont nous ne comprenons pas le premier mot; mais cela montre au plus que l'âme, l'esprit, le souffle, la force nerveuse et insaisissable de la partie la plus subtile de notre matière, peut se détacher de celle-ci et lui survivre un instant, comme la flamme d'une lampe qu'on éteint se détache parfois de la mèche et flotte un moment dans la nuit. Certes, le phénomène est étonnant; mais étant donnée la nature de cette force spirituelle, il devrait nous étonner bien davantage qu'il ne se produise pas fréquemment et à notre gré, dans la plénitude de la vie. En tout cas, il n'éclaire nullement la question. Jamais un seul de ces phantasmes n'a paru avoir la moindre conscience d'une vie nouvelle, d'une vie supra-terrestre et différente de celle que venait de quitter le corps dont il émanait. Au contraire, leur vie spirituelle à tous, à ce moment où elle devrait être pure puisqu'elle est débarrassée de la matière, semble fort inférieure à ce qu'elle était lorsque la matière l'enveloppait. La plupart poursuivent machinalement, dans une sorte d'hébétude somnambulique, les plus insignifiantes de leurs préoccupations habituelles. L'un cherche son chapeau oublié sur un meuble, l'autre s'inquiète d'une petite dette ou s'informe de l'heure. Et tous, peu après, alors que devrait commencer la survie véritable, s'évaporent et disparaissent à jamais. J'en conviens, cela ne prouve rien ni pour ni contre la survie possible. Nous ne savons si ces brèves apparitions sont les premières lueurs d'une autre existence ou les dernières de celle-ci. Peut-être que les morts usent et profitent ainsi, faute de mieux, du dernier lien qui les unit et les rend encore sensibles à nos sens. Peut-être qu'ensuite ils continuent de vivre autour de nous, mais ne parviennent plus, malgré tous leurs efforts, à se faire reconnaître, ni à nous donner une idée de leur présence, parce que nous n'avons pas l'organe nécessaire pour les percevoir; de même que tous nos efforts ne réussiraient pas à donner à un aveugle-né la moindre notion de la lumière ou des couleurs. En tous cas, il est certain que les enquêtes et les travaux de cette science nouvelle du *«Borderland»*, comme l'appellent les Anglais, ont laissé le problème exactement au point où il se trouvait depuis les origines de la conscience humaine.

XII

Dans l'ignorance invincible où nous sommes, notre imagination a donc le choix de nos destinées éternelles. Or, en examinant les possibilités diverses, on est forcé de reconnaître que les plus belles ne sont pas les moins vraisemblables. Une première hypothèse à écarter d'emblée, sans discussion, nous l'avons vu, est celle de l'anéantissement absolu. Une deuxième hypothèse, ardemment caressée par nos instincts aveugles, nous promet la conservation plus ou moins intégrale, à travers l'infini des temps, de notre conscience ou de notre moi actuel. Nous avons également étudié cette hypothèse, un peu plus plausible que la première, mais au fond si étroite, si naïve et si puérile, qu'on ne voit guère, non plus pour l'homme que pour les plantes et les animaux, le moyen de la situer raisonnablement dans l'espace sans bornes et le temps sans limites. Ajoutons que de toutes nos destinées possibles, elle serait la seule vraiment redoutable et que l'anéantissement pur et simple lui serait mille fois préférable.

Reste la double hypothèse d'une survie sans conscience, ou avec une conscience élargie et transformée, dont celle que nous possédons aujourd'hui ne nous peut donner aucune idée, qu'elle nous empêche plutôt de concevoir, de même que notre œil imparfait nous empêche de concevoir une autre lumière que celle qui va de l'infra-rouge à l'ultra-violet; alors qu'il est certain que ces lumières, probablement prodigieuses, éblouiraient de toutes parts, dans la nuit la plus noire, une prunelle autrement façonnée que la nôtre.

Bien que double au premier abord, l'hypothèse se ramène à la simple question de conscience. Dire, par exemple, comme nous sommes tentés de le faire, qu'une survie sans conscience équivaut à l'anéantissement, c'est trancher *a priori* et sans réflexion ce problème de la conscience, le principal et le plus obscur de tous ceux qui nous intéressent.

Il est, comme l'ont proclamé toutes les métaphysiques, le plus difficile qui soit, attendu que l'objet de la connaissance est cela même qui voudrait connaître. Que peut donc ce miroir toujours en face de lui-même, sinon se refléter indéfiniment et inutilement? Pourtant, en ce reflet impuissant à sortir de sa propre multiplication, dort le seul rayon capable d'éclairer tout le reste. Que faire? Il n'est d'autre moyen de s'évader de sa conscience que de la nier, de la considérer comme une maladie organique de l'intelligence terrestre, maladie qu'il faut essayer de guérir par un acte qui doit nous paraître un acte de folie violente ou volontaire; mais qui, de l'autre côté de nos apparences, est probablement un acte de santé.

XIII

Mais il est impossible de s'évader; et nous revenons fatalement rôder autour de notre conscience fondée sur notre mémoire, la plus précaire de nos facultés. Étant évident, disons-nous, que rien ne peut périr, nous avons nécessairement vécu avant notre vie actuelle. Mais puisque nous ne pouvons rattacher cette existence antérieure à notre vie présente, cette certitude nous est aussi indifférente, passe aussi loin de nous, que toutes les certitudes de l'existence postérieure. Et voilà, avant la vie comme après la mort, l'apparition du moi mnémonique, dont il convient, une fois de plus, de se demander si ce qu'il fait durant les quelques jours de son activité est vraiment assez important pour décider ainsi, à son seul égard, du problème de l'immortalité. De ce que nous jouissons de notre moi sous une forme exclusive, si spéciale, si imparfaite, si fragile, si éphémère, s'ensuit-il qu'il n'y ait nul autre mode de conscience et nul autre moyen de jouir de la vie? Un peuple d'aveugles-nés, pour revenir à la comparaison qui s'impose puisqu'elle résume le mieux notre situation parmi la nuit des mondes, un peuple d'aveugles-nés, à qui un unique voyant révèlerait les allégresses de la lumière, nierait non seulement que celle-ci soit possible, mais même imaginable. Pour nous, n'est-il pas à peu près certain qu'il nous manque ici-bas, entre mille autres sens, un sens supérieur à celui de notre conscience mnémonique, pour jouir plus amplement et plus sûrement de notre moi? Ne pourrait-on pas dire que nous saisissons parfois des traces obscures ou des velléités de ce sens en germe ou atrophié, en tout cas opprimé et presque supprimé par le régime de notre vie terrestre qui centralise toutes les évolutions de notre existence sur le même point sensible? N'y a-t-il pas certains moments confus, où, si impitoyablement, si scientifiquement que l'on fasse la part de l'égoïsme recherché jusqu'en ses plus lointaines et secrètes sources, il demeure en nous quelque chose d'absolument désintéressé qui goûte le bonheur d'autrui? N'est-il pas également possible que les joies sans but de l'art, la satisfaction calme et pleine où nous plonge la contemplation d'une belle statue, d'un monument parfait, qui ne nous appartient pas, que nous ne reverrons jamais, qui n'excite aucun désir sensuel, qui ne peut nous être d'aucune utilité; n'est-il pas possible que cette satisfaction soit la pâle lueur d'une conscience différente qui filtre à travers une fissure de notre conscience mnémonique? Si nous ne pouvons imaginer cette conscience différente, ce n'est pas une raison pour la nier. Je crois même qu'il serait plus sage d'affirmer que c'est un motif de l'admettre. Toute notre vie se passerait au milieu de choses que nous n'aurions pu imaginer si nos sens, au lieu de nous être donnés tous ensemble, nous étaient accordés un à un et d'année en année. Au reste, un de ces sens, le sens génésique, qui ne s'éveille qu'aux approches de la puberté, nous montre que la découverte d'un monde imprévu, le déplacement de tous les axes de notre vie, dépend d'un accident de notre organisme. Durant l'enfance, nous ne soupçonnions point l'existence de tout un univers de passions, d'ivresses et de douleurs qui agitent «des grandes personnes». Si d'aventure, quelque écho mutilé de ces bruits arrivait à nos innocentes et curieuses oreilles, nous ne parvenions pas à comprendre quelle espèce de frénésie ou de folie s'emparait ainsi de nos aînés; et nous nous promettions, le moment venu, d'être plus raisonnables, jusqu'au jour où l'amour brusquement apparu dérangeait le centre de gravité de tous nos sentiments et de la plupart de nos idées. On voit donc que concevoir ou ne pas concevoir, tient à trop peu de chose pour que nous ayons le droit de douter de la possibilité de ce que nous ne pouvons imaginer.

XIV

Ce qui nous interdit et nous interdira longtemps encore les trésors de l'univers, c'est la résignation héréditaire avec laquelle nous séjournons dans la morne prison de nos sens. Notre imagination, telle que nous la menons aujourd'hui, s'accommode trop aisément de cette captivité. Il est vrai qu'elle est la fille esclave de ces sens qui l'alimentent seuls. Mais elle ne cultive pas assez en elle les intuitions et les pressentiments qui lui disent qu'elle est absurdement prisonnière et qu'elle doit chercher des issues par delà même les cercles les plus grandioses et les plus infinis qu'elle se représente. Il importe qu'elle se dise de plus en plus sérieusement que le monde réel commence à des milliards de lieues plus loin que ses songes les plus ambitieux et les plus téméraires. Elle n'eut jamais le droit ni le devoir d'être plus follement audacieuse. Tout ce qu'elle réussit à bâtir et multiplier dans l'espace et le temps les plus énormes qu'elle soit capable de concevoir, n'est rien au regard de ce qui existe. Les plus petites révélations de la science dans l'humble vie quotidienne lui apprennent déjà que même en ce modeste milieu elle ne peut tenir tête à la réalité, qu'elle est constamment débordée, déconcertée, éblouie par tout ce qui se cache d'inattendu dans une pierre, un sel, un verre d'eau, une plante, un insecte. C'est déjà quelque chose que d'en être convaincu, puisque cela met dans un état d'esprit qui guette toutes les occasions de rompre le cercle magique de notre aveuglement; puisque cela persuade qu'il ne faut espérer dans ce cercle nulle vérité définitive; et que toutes sont situées plus outre. L'homme, pour garder le sens des proportions, a besoin de se dire à tous moments que, placé tout à coup au milieu des réalités de l'univers, il serait exactement comparable à une fourmi qui, ne connaissant que les étroits sentiers, les trous minimes, les abords et les horizons de sa fourmilière, se trouverait soudain sur un fétu de paille au milieu de l'Atlantique. En attendant que nous soyons sortis d'une prison qui nous empêche de prendre contact avec les réalités d'outre-imagination, il y a bien plus de chance d'atteindre par hasard un fragment de vérité en imaginant les choses les plus inimaginables, qu'en s'évertuant à conduire parmi l'éternité, entre les digues de la logique et des possibilités actuelles, les songes de cette imagination. Efforçons-nous donc d'écarter de nos yeux, chaque fois qu'un nouveau rêve se présente, le bandeau de notre vie terrestre. Disons-nous que parmi toutes les possibilités que nous cache encore l'univers, une des plus faciles à réaliser, des plus probables, des moins ambitieuses et des moins déconcertantes, est certes la possibilité d'un mode de jouir de l'être, plus haut, plus large, plus parfait, plus durable et plus sûr que celui qui nous est offert par notre conscience actuelle. Cette possibilité admise, et il en est peu d'aussi vraisemblables, le problème de notre immortalité est, en principe, résolu. Il s'agit maintenant d'en saisir ou d'en prévoir les modes; et parmi les circonstances qui nous intéressent le plus, de connaître la part de nos acquisitions intellectuelles et morales qui passera dans notre vie éternelle et universelle. Ce n'est point l'œuvre d'aujourd'hui ni de demain; mais celle d'un autre jour...

FIN

NOTES:

[A] Rapprochons de ceci l'acte d'intelligence d'une autre racine dont Brandis (*Uber Leben und Polaritat*) nous rapporte les exploits. Elle avait, en s'enfonçant dans la terre, rencontré une vieille semelle de botte; pour traverser cet obstacle qu'elle était apparemment la première de son espèce à trouver sur sa route, elle se subdivisa en autant de parties qu'il y avait de trous laissés par les points de couture, puis, l'obstacle franchi, elle réunit et ressouda toutes ses radicelles divisées, de manière à reformer un pivot unique et homogène.

[B] Parmi les plantes qui ne se défendent plus, le cas le plus frappant est celui de la Laitue. «A l'état sauvage, comme le fait remarquer l'auteur cité plus haut, si l'on casse une tige ou une feuille, on en voit sortir un suc blanc, un latex, corps formé de matières diverses qui défend vigoureusement la plante contre les atteintes des limaces. Au contraire, dans l'espèce cultivée qui dérive de la précédente, le latex fait presque défaut; aussi la plante, au grand désespoir des jardiniers, n'est-elle plus capable de lutter et se laisse-t-elle manger par les limaces.» Il conviendrait cependant d'ajouter que ce latex ne manque guère que chez les jeunes plantes, au lieu qu'il redevient fort abondant quand la Laitue se met à «pommer» et quand elle monte en graine. Or c'est au début de sa vie, au moment de ses premières et tendres feuilles, qu'elle aurait surtout besoin de se défendre. On dirait que la plante cultivée perd un peu la tête, si l'on peut s'exprimer ainsi, et qu'elle ne sait plus au juste où elle en est.

[C] Au début de cette étude qui pourrait devenir le livre d'or des noces de la fleur (dont je laisse le soin à plus savant que moi), il n'est peut-être pas inutile d'appeler l'attention du lecteur sur la terminologie défectueuse, déconcertante, dont on use en Botanique pour désigner les organes reproducteurs de la plante. Dans l'organe femelle, le pistil, qui comprend l'ovaire, le style et le stigmate qui le couronne, tout est du genre masculin et tout semble viril. Par contre, les organes mâles, les étamines, que surmontent les anthères, ont un nom de jeune fille. Il est bon de se pénétrer une fois pour toutes de cette antonymie.

[D] Je poursuis depuis quelques années une série d'expériences sur l'hybridation des Sauges, fécondant artificiellement, après les précautions d'usage pour écarter toute intervention du vent et des insectes, une variété dont le mécanisme floral est très perfectionné, avec le pollen d'une variété très arriérée et inversement. Mes observations ne sont pas encore suffisamment nombreuses pour que j'en puisse donner ici le détail. Néanmoins il semble qu'une loi générale commence déjà de s'en dégager, à savoir que la Sauge arriérée adopte volontiers les perfectionnements de la

Sauge avancée, au lieu que celle-ci prend rarement les défauts de la première. Il y aurait là une assez curieuse échappée sur les procédés, les habitudes, les préférences, le goût du mieux de la Nature. Mais ce sont des expériences qui sont forcément lentes et longues, à cause du temps perdu à réunir les variétés diverses, des épreuves et contre-épreuves nécessaires, etc. Il serait donc prématuré d'en tirer la moindre conclusion.

[E] Je venais d'écrire ces lignes, quand M. E.-L. Bouvier fit à l'Académie des Sciences (Compte rendu du 7 mai 1906) une communication au sujet de deux nidifications en plein air constatées à Paris, l'une sur un *Sophora Japonica*, l'autre sur un Marronnier d'Inde. Cette dernière, suspendue à une petite branche munie de deux bifurcations assez voisines, était la plus remarquable, à cause de l'adaptation évidente et intelligente à des circonstances particulièrement difficiles. «Les abeilles (je cite le résumé de M. de Parville dans la Revue des Sciences des *Débats*, 31 mai 1906) établirent des piliers de consolidation et eurent recours à des artifices vraiment remarquables de protection et finirent par transformer en un plafond solide la double fourche du Marronnier. Un homme ingénieux eût sans doute fait moins bien.»

«Pour se défendre contre la pluie, elles avaient installé des clôtures, des épaississements, et des stores contre le soleil. On ne peut se faire une idée de la perfection de l'industrie des abeilles qu'en voyant de près l'architecture des deux nidifications qui sont aujourd'hui au Muséum.»